JN440600

차안과 피안 사이

차안과 피안 사이

김은자 시조집

한국문화사

차안과 피안 사이

1판 1쇄 발행 2018년 12월 8일

지 은 이 김 은 자
펴 낸 이 김 진 수
펴 낸 곳 **한국문화사**
등 록 1991년 11월 9일 제2-1276호
주 소 서울특별시 성동구 광나루로 130 서울숲IT캐슬 1310호
전 화 02-464-7708
팩 스 02-499-0846
이 메 일 hkm7708@hanmail.net
홈페이지 www.hankookmunhwasa.co.kr

책값은 뒤표지에 있습니다.

ISBN 978-89-6817-697-5 03810

이 도서의 국립중앙도서관 출판예정도서목록(CIP)은
서지정보유통지원시스템 홈페이지(http://seoji.nl.go.kr)와
국가자료종합목록시스템(http://www.nl.go.kr/kolisnet)에서
이용하실 수 있습니다. (CIP제어번호 : CIP2018038003)

~慶 연송 김은자 시인 칠순기념 祝~
2012. 8. 12 (음 7.30)

■ 시인의 말

시조는 민족의 꽃, 화려함보다 기품을 귀히 여기는 꽃입니다. 막연한 정서보다 명확한 정서로 표현하고자 애써 왔습니다.

인간의 본질은 영혼에 존재한다는 것과 모두가 함께 공감할 수 있는 작품은 가슴으로 쓸 때만 가능하다는 것도 깨닫게 되었습니다.

등단 20주년을 기념하여 심혼의 은밀한 곳간에 성소를 짓고 글로써 제물을 바치고자 제2집 『차안과 피안 사이』를 펴냅니다. 한국시조협회가 제정한 시조의 율격에 맞도록 설명이나 훈화조를 피해 가려 애를 써 봤지만 역시 역부족임을 고백 드립니다.

호흡하는 동안 붓을 놓을 수 없는 시작 활동에 선배 시인님들의 아픈 채찍을 거울삼아 더욱 정진하겠습니다.

분주한 시간을 쪼개 격려해 주시며 정성껏 평설을 써 주신 김흥열 시조협회 이사장님께 깊은 경의와 감사를 드립니다.

모두 모두 사랑하고 감사합니다.

2018년 가을에

■ 차례

2부 환희

3부 봄, 그 정령

4부 삶, 그건

5부 엄마 나무

1부
겨울 강가에서

겨울 강가에서

덩그마니 연시 몇 알 가을빛을 담아놓고
바닥이 보일 듯이 수척해진 강물 위로
마른 잎
몇 개 매달고
나뭇가지 일렁이네.

텅 빈 벤치 위로 나른한 햇살 줄기
기억의 조각 모아 옛된 날을 돌아보니
풋 가슴
석류 벙글 듯
탱탱하게 농익었지.

피 흐름의 반란인가, 띄엄띄엄 저린 마디
양지 녘 잔설이듯 머잖아 스러질 걸,
희끗한
세월 자락이
죄 없이도 부끄럽다.

모두는 조연助演인 삶

내가 너를 너도 나를
얼마나 서로 알랴
한치 앞도 모르면서 잠시 왔다 가는 것을,

도토리
키 재기 속에
아귀다툼 치열하다.

가방끈 좀 길어 봤자
가진 것 좀 많아 봤자
짜여진 각본 따라 연출되는 삶인 줄을

금수저
알 리가 없다,
단칸방도 꿀맛이다.

돌아보며

꿈 너머 꿈 찾으려 고독의 강 건너와
값진 삶 목표 향해 하루하루 빠근해도
속 뜰을
밝히고 싶어
공원 벤치 찾는다.

안개처럼 흩뿌리는 나른한 달무리 속
스산한 바람 일어 등골까지 오싹한데
슬픔이
슬픔을 만나
반갑다고 깔깔댄다.

거품이 꺼져가듯 잦아드는 숨소리에
'툭' 하고 낙엽 한 잎 뺨 위를 스쳐 가면
가슴이
따스한 임이
그 어깨를 빌려 준다.

노을 강엔 그리움

고개를 짓 떨구고 땅만 보고 걷노라니
한사코 따라붙네,
지쳐버린 발꿈치로.

달그락

빈 깡통 소리
허공을 가른다.

짧은 겨울 해가 석양을 풀고 있네
이 하얀 그리움은
어머니의 눈물인가,

그 존재

고운 미소가
살아야 할 이유였다.

불면의 긴긴밤

숱한 사연 울컥울컥 쏟아내는 저 강물,
희붐한 어둑새벽 물안개에 잠겨 있네

강 건너

불야성 빌딩
침묵 속에 갇혀 있다.

선잠을 달래는데 어느새 달 이울어
먹빛 강물 위로 반짝이는 물별들이

고요한

영혼의 뜰에
환하게 불 밝힌다.

영혼의 무게

영원한 사랑이란 그 사랑을 잃는 것
빛 부시게 반짝이는 봄꽃 그 둘레로

몇 그램

영혼의 무게
깃털같이 띄우시네.

풀잎 끝 낭창대던 이슬방울 스러지고
호수의 물낯 위로 물별마저 잠이 들면

이별이

그리움보다
더 아픈 걸 깨닫는다.

바램

가물대며 작아지는 그이의 뒷모습을
아파트 사이사이 키 돋우며 배웅한다
뉘에겐
이런 순간이
마지막이 되겠지만.

소소한 일상들이 열리는 아침 풍경
무슨 일이 있는 게야 저 가장家長의 뒤태에서
한 토막
팬터마임이
쓸쓸하고 애잔하다.

어느새 해 저물어 건널목엔 총총걸음
비워놓은 가슴 가득 웃음소리 넘치도록
이 밤엔
하루 산 이야기
팔베개로 나누리.

무상無常 속에서

야트막한 고택古宅 돌담 그 길을 돌아가면
흐르면서 제 스스로
맑아지는 계곡물이

잠시만
샷됨을 접고
쉬어가라 보챈다.

시간은 달려라, 더 빨리 내달려라
쳇바퀴 돌아가듯
나이테만 살찌워서

어느새
무너진 어깨
석양빛을 받고 있다.

그 후, 그리고

세월 지고 내달려온 허리 무릎 고장이 나
고통을 호소해도 짜증이 먼저 온다.
희수喜壽를
맞고 나서도
내 맘 하나 못 다스려.

임 닮은 구름 형상 바다 위에 떨어지고
수평 끝 거기에도 애 잦는 초상 하나
엄습한
안타까움에
솟구치는 이 눈물.

흰 포말의 아우성은 알알이도 그리움,
앳된 날의 기억들은 불효로 음각되어
평생을
속죄한다 해도
어찌 탕감 받을까.

옛집, 텅 비다

밤 내내 달맞이꽃 환하게도 웃더니만
숭숭 뚫린 지붕 새로 금빛 햇살 자글대네,
어린 날
기억 주우려
고향집을 기웃댄다.

묵묵히 제자리서 반겨주는 고욤나무
북풍한설 장대비도 너그러이 품었으리,
얼마나
갈고 닦으면
저와 같이 의젓할까.

갈라진 토담 벽엔 담쟁이만 무성하고
술래잡기 하던 장독 여기저기 깨져 있네
한순간
울컥해진다,
절로 붉은 노을 앞에.

이 가을엔

상사화 핀 골짜기 향내 짙은 절집 지나
골물 소리 바람 소리 새소리로 귀 맑히며
웃어도
눈물이 나던
그 옛길을 찾는다.

끝 모를 외진 숲길 타박타박 걷다보면
산허리를 넘는 노을 어느새 해설 퍼져
하늘 별
총총한 별빛
온 누리가 은총이리.

그런 밤 알곡처럼 탱글탱글 잘도 여문
긴긴 설움 담긴 편지를 써야겠다.
속 뜰에
저물지 않는
눈빛 선한 이름에게.

어머니의 브래지어

나의 생명 젖줄 샘을
감싸 안고 보호하던
끈 늘어진 브래지어 젖비린내 아직 있네,

엄마가

남기고 가신
눈물덩이 유품 하나.

오늘 내 가슴에
엄마 냄새 척 두르고
우주였던 님 생각에 한가위 달을 보니

낡은 끈

툭 끊어지며
부질없다 놓으라네.

허허로움

문득 돌아보니
가뭇하네, 지난날들
추억이라 해두자 그냥 그건 눈물인 걸

못내는

기어이 잊겠네,
아주 오랜 세월 뒤엔.

한 점 바람이네,
무상한 광음 속에
한숨조차 사치스런 무지갯빛 신기루였네

어차피

부재일 것을,
조바심도 소용없는.

어머니의 뜰

고향 집 툇마루엔 가을볕 몇 오라기
하늘 잠긴 우물결 터줏대감 저 감나무

잎 털린

가지 사이로
멀건 낮달 기웃댄다.

어머니 손때 묻은 낡아빠진 반짇고리
주인은 간데없고 윤기마저 사라졌네,

혀 떨군

삽살개 안고서
허전함을 달래네.

월남, 그때 그 기억

어머니 등에 업혀 숨소리도 죽여 가며
몰아치는 빗줄긴 양 서치라이트 번득여도
생과 사
갈림길에서
삼팔선을 넘었다.

낯선 거리거리 방황하며, 나뒹굴며
눈보라, 비바람 속 천둥을 등에 업고
펼쳤던
그 파노라마
뇌리 깊게 박혀있다.

가장 아름다운 이 세상의 한 단어가
어머니, 어머니란 걸 가신 뒤에 깨달았네,
삶의 길
나침판 되어
오늘 있게 하시었네.

소나기 같은

수많은 사연 담고 흐르는 저 강같이
세월 그리 가라 하지 억겁인들 그렇게

아직은

눈매 촉촉한
너를 못내 못 지워.

온통 볕살이 금싸라기 같은 날도
휑한 바람 드나드는 이 가슴엔 오직 너,

하늘빛

저리 싸해서
눈물 이리 고이는가.

구름이듯 바람이듯

산 하나 우뚝 서서 "다 버려라" 호령하네,
침침한 눈 비늘을 한 켜씩 벗겨내고

삿됨도

놓으라 하네
눈에 씌운 깍지라며.

먼 바다 파도 소리 간간이 들려오는
고즈넉한 산사에서 풍광이나 벗하며

고달픈

윤회의 끝을
허허대며 살라 하네.

모두 다 비우려

선禪방 뒤란 마른 가지 어느새 물오르고
봉긋 솟은 새순들은 까르르 합창하네
눈 녹은
먼 산봉우리
어머니 얼굴 같아.

산사에 어우러진 목탁 소리 풍경風磬 소리
내 마음 맑은 뜨락 타오르는 푸른 불꽃
따스한
볕뉘 한 줌에
꽃살문이 피어난다.

삿되다, 삿되도다 허실 속의 세상일들
행여 가피加被 얻으면 온전한 나 보이려나
속 뜰 다
비우게 하소서
합장한 손 떨리네.

* 가피: 부처나 보살이 자비를 베풀어 중생에게 힘을 줌

나, 어느새

“엄마, 옷 뒤집혔네, 그것도 몰랐어요?”
“솔기가 꼭꼭 배겨 일부러 그랬지”

어릴 적

짜증스럽게
엄마 흉을 보았다.

나도 언제부터 뒤집어 입는 속옷
그리워 그리다가 절로 지쳐 기진한 밤

그 얼굴

금강석같이
별 하나로 뜨시네.

어느 샛강에서

물 위에 투영投影되어 풍경이 된 자연 속에
외다리 왜가리는 갈 곳이 없나 보다
한 길손
징검다리 건너
타박타박 멀어진다.

갈 숲의 바람소리, 새소리를 동무 삼아
물길 따라 걷는 일은 해맑아 즐거워도
어쩌나,
가는 세월이
흐르는 강인 것을.

꿈결이 찰나이듯 우리네 짧은 생도
한줄기 볕살 앞에 새벽이슬 같아도
강물은
추억이 되고
그 추억은 시가 된다.

아득함, 그 뒤

긴긴밤 다 새도록 불면으로 뒤척인 건
막연한 설렘 속 기다림 탓이리라
행여나
먼동이 트면
기별 없이 와 주려나.

사계절 넉넉하게 은혜로운 햇살 받아
무지갯빛 부신 꿈 토닥여 살찌우던
앳된 날
해바라기 사랑은
모닥불만 같았네.

야윈 어깨 그 너머로 못내 아련하게
희끗해진 기억들은 미련보다 아파도
신 새벽
싱그런 숲 소리는
온 누리에 은총이네.

뜨겁고 짧은

진동판 들썩이며 불러대는 한 소절이
방충망에 찰싹 붙은 매미와의 첫 인사다

앙코르!

외치는 소리에
한 소절을 더 부른다.

모질게 견디어 낸 기나긴 땅 속의 삶
절박한 시한부 생 처절토록 애달파도

밤낮을

뜨겁게 달굼이
우리네 삶 같아라.

* 1,500종의 매미는 유충으로 땅 속에서 6~17년을 보내고 성충이 된 후 1~4주 지상에서 번식 후 그 생을 마감한다.

영靈의 실루엣

가늠 못할 힘 하나가 몸 속 깊이 깃을 치고
들숨과 날숨 사이, 차안과 피안 사이

칠 그램

영혼이 산다,
아주 강한 실체로.

웃다 울다 한 생을 엄숙히 마감할 때
서늘한 그림자로 경계선 넘어가면

혼백은

육체를 떠난다,
옹골참을 다 버리고.

* 1901년 미국의 외과의사 윌리엄 던컨. 맥두걸은 질량 보존의 법칙하에, 영혼의 무게를 측정 실험한 결과 영혼이 가져간 무게는 28그램, 임종 후 10분 동안 몸무게 감소 요인인, 대소변, 땀, 마지막 호흡으로 빠져나온 공기 등으로 21그램이 손실되어 순수 영혼의 무게는 7그램이라고 과학적으로 측정 실험, 확인되었음을 1907년 공식 발표하였다.

내, 차마 너를

조각달 올라앉은 삼나무 우듬지에
그 누가 걸었을까, 널 닮은 실루엣을
은하 강
총총 하늘에
빗금 친다, 별 하나.

산 그리메 짙은 밤 절로 도진 서러움에
어느 손길 토닥이며 내게 눈물 보태려나
별안간
소나기 들어
함께 울자 거드네.

새 아침 툇마루에 잠간 쉬는 햇살 한 줌
나그네 가는 길이 이렇듯 찰나인 걸,
내 차마
지울 수 없네,
앳된 날의 뽀얀 얼굴.

꿈 한 컷 꾸고 나니

어머니의 눈물이듯 저 강은 무심한데
동백의 타는 가슴 붉게 지는 창가에서
보름달
기웃거리며
둥글둥글 살라 해.

갈채 속 한 시절은 빛 부신 찰나였네
지친 삶 홀가분히 등짐 풀어 추스르던
고향 집
툇마루 끝에
초상 하나 그려 본다.

굴렁쇠 돌고 돌아 어느새 해 저물고
강물이 제 길 가듯 수척하게 굽은 등이
빈 들녘
허수아비처럼
슬퍼도 웃고 있네.

밤바다에서

허연 갈기 꼿꼿 세워 우레 치듯 광란하며
허망한 몸짓으로 다 삼킬 듯 달려들다

저렇게

돌아설 것을
몽땅 다 부려 놓고.

한껏 포효하던 그 한때는 가뭇한데
버거운 등짐 곡절 늘큰해진 어스름에

아득히

혼잣말처럼
혓바늘 툭 돋는다.

봄, 그 정령精靈 (하나)

골물 또르르 풀려 가는 저 소리에
겨우내 얼었던 땅 물 긷는 골찬 숨결
새싹들
옹알이하며
꼬물꼬물 고개 쏘옥.

발코니 앞 왕 벚나무 서둘러 밝힌 꽃등
나들이 갈 뽀얀 봄길 죽지 접고 그려오다
작은 새
가지 끝에서
꽁지 쫑긋 치세운다.

덩달아 아지랑이 산허리에 김 올리고
능선엔 오색 물결 일렁이는 들꽃 축제
모두는
추억이 된다,
그리움 속 눈물 같은.

산사의 봄

툭툭 여기저기 목련이 바람났네.
하얗게 불콰하게 꽃등 밝힌 그 맵시에

널따란

청잣빛 하늘이
환한 웃음 깔깔댄다.

달빛 그예 이울어 적막한 이 한밤에
산새 홀로 넘나드는 깊은 골엔 목탁 소리

법당 앞

부시던 목련
하르르 꽃잎 터네.

2부
환희

환희

청 밀밭 고랑 따라

키득대던 솔바람이

짓궂게 불러들인

해거름 녘 보슬비에

풋풋한

잎새, 잎새들

싱그럽게 젖어 드네.

하늘과 땅 사이

빗금 치듯 낡은 봄빛 창가에 풀리는 날
기쁨, 사랑, 이별, 눈물 거기도 있었지만
내 속 뜰
물웅덩이엔
그리움만 가득해.

말간 영靈 머문 자락 꽃수를 놓아가며
고요히도 등은 굽어 주름 고운 저물녘
어디쯤
청라의 하늘에
봇짐 하날 부릴까.

가쁜 호흡 다스려도 스러져갈 모닥불
타작마당 앞에 서서 돌아본 굽이굽이
들레며
바장이던 날이
점 하나로 또렷하다.

하루 또 하루

죽을 듯이 한 사나흘 열병을 앓고 나면
장맛비 활짝 걷혀 누리누리 싱그럽듯

징하게

찌뿌둥하던
삭신이 좀 풀리려나.

굴렁쇠 굴러가듯 돌림 노래 불러 가며
하릴없는 촌음 속을 내일도 오늘같이

거뜬히

내 몫의 분깃
감당함이 기적이라.

아, 유월 그 날

붉게 녹슨 탄피 제멋대로 뒹굴어도
고개 떨군 할미꽃 철모 곁을 지키네

그리워

못내 그리다
소복으로 오신 모정母情.

모두는 아득한 것 그리 잊혀 가는 것
그날 그 총성이 귀울음 속 쟁쟁한데

먼 산에

소쩍새 운다,
먹먹하다, 고요하다.

속절없음이여

싹 틔우고 꽃피워 열매 수북 거두리라
옹골지게 품었던 꿈 아직은 메아린데

저 홀로

깊어만 가는
계절 앞에 이리 섰다.

낮달 걸린 가지 새로 청잣빛 말간 하늘
갈밭엔 바람 일고 눈언저리 흐려오고

툭 하니

홍시 한 알이
마지막 숨 몰아쉰다.

봄, 꿈

흐드러진 봄 봄 봄, 나비, 나비 숨바꼭질
산허리엔 아지랑이 설렘을 풀어내듯

아련히

손짓을 하네,
나른한 어느 봄날.

그리운 날갯짓은 볼 수 없음 때문이라
꽃 시절 숱한 기억 서둘러 잊어야 해,

별리가

삶의 편린인 줄
이쯤서야 알겠네.

솟대

스스로 배경 되어 낮달과 동무하며
한낱 풍경으로 우두커니 서 있는 너
한때는
숱한 밀어들이
깃 끝에서 반짝였지.

날고파 날고파도 날을 순 없는 건가,
줄지어 한가로운 기러기 떼 바라보며
나무 새
그 비상飛翔의 꿈
저물도록 못 접네.

부리는 헐어졌고 뭉툭해진 저 발톱
이제는 낮보다 어두움이 더 편안해
별똥별
빗금 칠 때면
속울음만 깊어지네.

아련한 꽃길에서

그리운 모든 것을 부추기듯 파란 하늘
산책로 둘레둘레 펼쳐지는 파스텔화
나른한
봄날 오후에
절대 고독 즐기네.

꽃샘바람 시샘해도 햇살만은 포근해
머리카락 휘날리며 느릿느릿 걷는데
명자 꽃
붉은 그늘에서
참새들 분주하다.

물별 반짝이던 호숫가 물낯 위를
쫙 가르며 유영하는 한 쌍의 저 물오리
눈에 든
이 평온한 풍광에
치유되는 지친 영靈.

어쩌랴 아들아

아지랑이 눈웃음에 현기증 난 아침 햇살
헤어짐은 만남의 또 다른 약속이라
아파서
더 절절한 거
그게 바로 모정이지.

동그라미 그리면서 가랑잎 굴러가네,
함박웃음 터트려 달려들 것 같은 날엔
아련한
너의 자태가
노을 강에 아롱진다.

골찬 꿈 경영하는 그 하늘도 파랄 테지
우편함 기웃대다 울컥하는 이 서러움,
갈잎도
속울음 운다
상사화는 피고 지고.

향수鄕愁 (하나)

하얀 별빛 쏟아지고

멧새 울어 외롭고

골물 소리 퍼 올리며

풀벌레 살 오르는

기억 속

고향 풍광이

가슴팍에 화인火印되다.

휴休

환히 웃는 꽃무릇이

싱그러운 이 숲길을

켜켜로 쌓인 옹이

삭이고파 찾아드네

꽃소금

시린 결정체는

졸인 눈물 같아라.

나, 여기에

금빛 햇살 와자하네, 칠월의 순천만에
하늘 있고, 바람 있고, 산 위에 구름 있고

갯벌엔

힘찬 생명력
한 세상을 이룬다.

한 결로 쓰러지다, 부둥켜 일어서다
갈맷빛 저 갈대밭 천둥 같은 흐느낌에

내, 너를

품어 안는다,
그 맥박 숨소리를.

바다, 그 까만 밤

밤바다는 그리움, 물안개만 자욱한데
갈기 세운 허연 파도 포효하듯 밀려오고

수평 끝

집어등 불빛
총총히도 깜빡인다.

서늘한 외로움이 저벅저벅 걸어와서
섬뜩하게 무서움을 오싹 부추겨도

첫새벽

찬란히 솟을
해오름에 설렌다.

예전엔 내, 미처

솔숲에 살랑대며 달려 노는 바람처럼
꽃술 위 함초롬히 낭창대는 이슬처럼
해맑은
그런 사랑을
깍지 걸어 약속했지.

계절 따라 고운 옷 갈아입는 자연 속에
비 내리면 빗속을 눈 내리면 눈밭을
걸으며
뒹굴어 가며
그저 마냥 행복했지.

애드벌룬 띄워 놓고 설레던 가슴, 가슴
거칠 것도 두려움도 개선장군 같던 날들
철부지
몽니 부리던 사랑
서러움이 될 줄이야.

나, 이 밤은

아련한 젊은 날의 달려온 길 더듬다가
삶과 죽음이란 적막 한 겹 차이란 걸
은발銀髮로
면류관 쓰고
이쯤서야 알겠네.

가슴이 느끼는 건 머리가 생각한 것
먼 듯 가까운 듯 머리와 가슴 사이
환하게
심방心房 밝히며
별 하늘이 내리네.

또르르 밤이슬이 연잎 위에 구르고
아기별 하나둘씩 하늘 벌에 잠들면
하회탈
너털웃음으로
깨달음을 얻겠네.

불꽃으로

가을걷이 끝난 자리 갈바람만 스산한데
너른 들녘 여기저기 허줄한 허두재비
참새 떼
나락 쪼느라
들레는 소리소리.

땅거미 드리워도 맨발로 뛰어놀던
예닐곱 철부지가 고갯마루 서성이며
뒤돌아
더듬어 보니
눈가 절로 흐려지네.

솔대 끝 저 아득히 무릉도원 이루고자
잉걸불로 무두질 쳐 단련한 푸른 날들
말간 속
심혼의 뜰에
사리 한 알 영롱하다.

하얀 독백

왠지 모를 적막감에 먼 하늘만 바라본다.
봇물처럼 밀려드는 주체 못 할 이 서글픔
등 굽은
그림자 하나가
한사코 따라오네.

배롱나무 붉은 꽃잎 선혈을 토하는데
스산한 저 들녘 하늘대는 살살이 꽃
해 낮에
코 고는 소리
영감님은 태평이다.

물 흐르듯 가는 세월 달랑 남은 달력 한 장
생의 끝은 죽음 아닌 잊힘이라 하는데
쌩쌩한
바람 속에서
나이테나 돌리고.

이 계절, 그리움

건듯 이는 선들 바람 하늘 더 높푸르고
백야를 달궈대던 매미 울음 느슨한 날
한가한
뭉게구름이
네 형상을 빚는다.

반짝이는 저 강물에 뭇별, 불을 켜자
달빛이나 반길 양에 뜨락엔 등을 끄니
어린 날
네 꽃밭에서
맨드라미 붉게 웃네.

내려앉는 젖무덤 어느새 기우는 몸
낡아지는 생각 저 편 가없는 그리움만
보고파
대책 없는 밤
늡늡했던 내 분신,

움켜 살다, 내려놓다

날빛日光 다 소진消盡되어

하늘빛 바래가고

한 뉘의 숱한 삿됨

이쯤서 놓으려니

어깨가

기울어지는
당신 쪽이 든든하다.

이 가을은

발끝엔 낙엽 소리, 떨어지는 멧새 소리
수채화로 내려앉은 호반 위엔 산 그리메
온 누리
금빛 햇살이
자글자글 은혜롭다.

높게 날수 없는 까투리와 동무하며
풍경風磬으로 멀뚱대는 물고기 한 마리가
이 절집
추녀 끝에서
바다 품이 그립다네.

허수아비 숨 고르는 넉넉한 들녘 너머
수수한 황소울음 어디선가 들리는 듯
또 하루
곱게 저문다
이 시월의 끝자락서.

널 그리며

시리도록 쨍한 하늘 선들 부는 하늬바람
발그레 물들어 가는 대추 볼 수줍은데

흰 구름

펼친 그림에
네 얼굴이 들어 있네.

찌는 여름 그 땡볕을 견디어낸 볏 잎 위에
메뚜기 한 마리가 졸고 있는 정오 무렵

황금빛

너른 들녘에
너의 미소 그득하다.

웃을 날

주름 골에 의젓하게 음각陰刻된 족적들을
한올 두올 끄덕이며 풀어내는 이 어슬 녘
고요히
물 주름 이는
호숫가를 거닌다.

날고파 날고 싶은 솟대 끝 나무 새로
저 들판 헤매 돌며 어미 찾는 망아지로
절절한
숱한 고비를
담금질로 연단했다.

하염없는 기다림도 익숙해진 이즈음
때 묻지 않은 웃음 언제쯤 웃어볼까,
다 닳은
몽당연필인 채
그날만을 기다린다.

엄마의 마지막 눈물

떨어지는 링거 방울 봇물 터진 울음 속
쇠심줄 닮은 목숨 힘겨운 호흡마다
살아 낸
모든 질곡을
벗고 싶다 하시네.

다 졸아 핍진해진 육신은 한 뼘 두께
날개 옷 갈아입고 무지개 다리 건너
천당에
드시고 싶다
서두르고 계십니다.

쓸어안고 비비던 볼 싸늘해진 당신 뺨에
주르르 그 눈물은 또 어쩌라 하시나요,
멈추는
기계음 소리*에
별이 하나 뜨네요.

* vital sign: 활력 징후 (사람이 살아 있음을 보여주는 호흡, 체온, 심장박동 등의 측정치)

돌아보다

풋풋한 꿈 하나를 부둥킨 타향살이
가시밭길 마다않고 묵묵히 헤쳐 나와
이제야
한 박자 쉬며
돌아볼 수 있음이여.

달맞이꽃 환한 언덕 반딧불도 왁자했지
장대 높이 휘두르며 뭇별 다 딸 것 같던
그날 그
개구쟁이들
불러 봐도 메아리뿐.

요요한 저 갈숲에 바람 한 점 건듯 분다.
의젓한 훈장인 양 하회탈만 같은 주름
여일은
노을빛 닮아 가며
수채화나 그리련다.

까마득한 북녘 땅

따스한 햇살 밭에 나비 한 쌍 분주한데
민들레 하얀 꽃씨 호호 불며 깔깔대던
어릴 적
흐릿한 영상映像이
하늘 강에 얼비치네.

오매불망 그려보는 모란봉 공원 벤치
오라오라 두 팔 벌려 부르시던 아버지,
나 아직
잊지 못하네,
뒤뚱대다 깨진 무릎.

너덧 살 적 기억 한 점 평생의 가슴앓이
느꺼워 구름 타고 훌쩍하니 가 보고파
한 서린
아리랑 한 소절을
강물에다 띄운다.

새벽 단상

수런대며 열리는 일상 속의 자잘함은
살아낼 이 하루를 바람마냥 몰고 와서

우리네

들숨 날숨을
외줄 타기 시키네.

바다 속살 해저에도, 척박한 땅 어디에도
생명이 있는 곳엔 약육강식 다툼인데

그래도

오늘은 선물
창가 환히 날빛 드네.

네 무게를 어쩌랴

저 멀리 산허리엔 아지랑이 가물댄다.
허연 입김 내뿜으며 쟁기 끄는 늙은 황소

그 뒤로
백발 농부는
목이 쉰 채 맨발이다.

힘겨운 한발, 한발 몰아쉬는 거친 호흡
그 어진 눈 그렁그렁 쏟아질라 고인 눈물

묵묵히

버텨낸 하루가
벅차도록 흐뭇하다.

콩을 까다가

우듬지에 매달리는 새 노래로 귀 맑히며
평상에 걸터앉아 완두콩을 까는데
가뭇한
기억 너머로
영상 한 컷 흐른다.

볕이 좋은 툇마루 엄마 곁에 쪼그린 채
손톱 밑이 얼얼토록 풋콩을 까던 추억
콧등이
시큰해진다,
대여섯 살 먼 생각에.

빈 콩 꼬투리가 위선의 집을 짓듯
거짓으로 포장하고 허실 속을 뒹굴면서
눈먼 듯
시류時流에 휩쓸린 삶
돌아보니 허망하다.

3부
봄, 그 정령

봄, 그 정령精靈 (둘)

눈 꼭 감고 숨죽이면 보이는 듯 들리는 듯
어느 먼 곳 그리워서 기다리는 기별같이
새순들
꽃대 올리며
물 긷는 소리소리.

엊그제도 싸락눈이 은총恩寵인 양 날리더니
보채듯 봄의 입김 산에 들에 모락모락
냉이꽃
너도 바람꽃,
쇠별꽃도 웃겠네.

내 마음 닮은 그는 계절 속에 잊혀가도
꽃잎 넣은 손 편지로 보고 싶다 전하고파
한 찰나
벚꽃의 절정
봄, 와르르 무너지네.

봄 꿈

일어났다 앉았다 안절부절 뒤척이다
불면의 밤을 벤 채 겨우 선잠 들었다가

외딴섬

벼랑 끝에서
깜짝 놀라 깨어난다.

아직은 어둑새벽 고요 가득 깔린 뜨락
초침으로 여는 하루 주룩주룩 비는 오고

뒷마당

토담 곁에서
자목련이 뚝 진다.

백목련

연꽃을 닮았다 해 네 이름 나무의 연木蓮
흰 꽃잎 꽃잎마다 순결을 가득 채워

꽃말도

못 이룰 사랑
환한 웃음 애잔해.

소담스런 하얀 꽃등 가지마다 밝히더니
우아한 너의 기품 어느새 이울었네,

어쩌나,

지울 수 없는
이 한 점 그리움을.

산수유

생명력 다그치며 겨우내 견뎠는데
이리 뽀얀 봄 길을 꽃샘바람 막아서도
돌담 길
노란 웃음이
깔깔대며 벙그네.

새치롬 망설이다 활짝 터진 꽃잎마다
옛 동산 꽃 대궐을 잊을 순 정녕 없어
하늘 벌
그 품에 들어
그리움을 달랜다.

받쳐 든 조각구름 가지 끝에 닿을 듯이
꽃이 진 자리마다 선들바람 놀다 가면
선홍빛
말간 열매를
이 가을에 보겠네.

덧쌓이는 외로움

툇마루 끝에 앉아 손깍지 걸었을 때
콧물 닦은 팔소매가 반질반질 정겨웠지
목청껏
불러본 이름
아득한 메아리여,

너 잠든 만삭의 집 이제야 찾아오니
할미꽃 한 송이가 눈물처럼 피어서
서글픔
보태고 있다,
옛 동산을 그리며.

엄마가 보고픈 밤 두견새는 울어대고
어스름 달빛 아래 잠 못 드는 골물 소리
한 생애
여윈 잎 하나
적막 속에 떨린다.

이슥한 밤바다

까마득한 벼랑 아래

반짝이는 저 윤슬이

교교한 달빛 받아

황홀경을 이루었네,

극락이

따로 있는가,

이 절경이 연화세계蓮花世界.

한 박자 숨 고르며

한 마리 목어木魚인 양 바다를 그리다가
둘인 듯 혼자인 듯 모래톱을 거니는데
수천水天에
고인 시간이
물안개로 피어난다.

점지 받은 한 생애 품은 뜻 이루고자
북풍한설 장대 빗속 길고 긴 날 절뚝이다
해 질 녘
허기진 물새
깃들 곳을 찾는다.

"엄마" 하고 부르기 전 눈물 먼저 앞서던
내 삶의 절대자인 하늘 품에 드신 님
뽀얀 날
그 품에 들리,
세상 허물 다 벗은 후.

자연속의 힐링Healing

청보리 익어가는

5월 푸른 들녘이

솔바람 거느린 채

하얀 낮달 띄워 놓고

태평가

골물 소리로

심혼까지 맑히란다.

피안으로의 초대

용트림 속 포효하는 바다 한가운데서
희미한 물체 하나 한 서린 몸부림,

섬뜩한

산발의 상체가
울렁출렁 번뜩인다.

애타게 오라오라 그 손짓은 서늘해도
낯익은 목소리에 홀린 듯 철벅대다

아뿔싸,

화들짝 놀라 깨니
개꿈이다, 시원하다.

오, 그 날

물수제비 띄우던 호젓한 이 강*가에
지팡이 짚고 와서 그저 말을 잃었을 뿐
음각된
추억 하나는
철책 너머 아련하다.

그날 그 총성이 아직은 오싹한데
아, 다시 6월 언덕 피 토하는 소쩍새여,
증오가
녹슨 자리엔
붉은 꽃만 하늘댄다.

허공에 외쳐보는 오매불망 남북통일
어느 날쯤 이뤄질까 여생의 소망 하나
철조망
걷어내는 날
못내 말문 막히겠네.

* 강 : 임진강

그래, 그래

구름, 바람, 산천초목

지저귀는 새소리

흐느끼는 갈대숲

우레 속의 장맛비

모두는

엄마의 품 같은

사랑이요, 그리움.

잠시만 쉬라 하네

어진 님 무릎 빌려 눈에 담는 쪽빛하늘
호젓한 숲 속 벤치 지친 영靈 살 오른다.
평생을
부려먹으니
허리인들 멀쩡할까.

무중력의 이 상태 깃털 같은 가벼움에
무아 속 깊은 호흡 묵은 체증 뻥 뚫린다.
편안한
안식 속에서
발자국을 돌아보네.

들레다, 치달리다, 몽니도 부려보다
이십오실 깨우려는 몸짓으로 헐떡이며
사계절
값지게 돌려
튼실한 터 일구었다.

어쩌랴, 이 모두를

지구촌 방방곡곡 기아, 병마, 전쟁, 테러
묻지 마 살인 속에 행여나 타깃Target될라
매순간
지뢰밭 걷듯
나날을 숨죽이네.

이상기온 온난화에 들볶이는 생명체들
설상가상 속수무책 불가항력 천재지변
탄식 속
헛발질 않고
살아냄이 축복이라.

거침없는 인면수심 종말적 만행 앞에
줄번개 천지개벽 차라리 휴거携擧라도
파란별
이 신음 소리
내 탓이오, 내 큰 탓.

아직은 그냥 거기

별꽃, 열꽃 다퉈 피운 열예닐곱 베갯머리
무더기 진 그리움 난 아직 거기 꿈길
다 떠난
간이역 벤치
어스름이 깃드네.

한 줄 말간 바람 눈물이듯 서성이다
실비 되어 내리네, 나직이 빈 가슴에
이젠 더
어쩔 수 없네,
화인 같은 흔적을.

찾아든 절집 마당 풍경 소리 그윽한데
연둣빛 솔바람이 풀어내는 적막 속에
빛바랜
연꽃살문이
이쯤 모두 놓으라네.

오래두고 그리다

여기 하늘만큼이나 게 하늘도 '쨍' 하겠지
기우인 줄 알면서도 더울세라, 추울세라
기어이
품을 순 없어
오매불망 너 바라기.

서녘하늘 불콰한데 한 마리 새 둥지 찾네,
널 닮은 큰 바위 얼굴 호수에 얼비치면
외로움
까닭 모르겠네,
멀리 두고 보고픈 너.

어둑한 들머리에 세 다리로 휘청 서니
다 비워 굽은 등이 이력인 듯 의젓하다
그 누가
별 하나 반겨
눈빛으로 말을 거나.

또 어쩌라고

잠 못 드는 열대야 속 백야처럼 우는 매미
세상이 궁금하여 어둠 박차 나오더니

겉옷은

설치 미술인 양
느티나무 걸어 뒀네.

긴 땡볕 견디어낸 넉넉한 가을 들녘
튼실히 영근 열매 수숫대엔 참새 한 쌍

수수한

황소울음에
고향 생각 뭉클하네.

산다 함은

꽃구름의 그림자 드리워진 강물 위로
반짝이는 물의 주름 한 겹씩 벗겨내며
청운의
옹골찬 꿈을
한 결로만 다독인다.

한때는 갈채 속에 거드름도 피워가며
양 날개 풋풋하니 보무 또한 당당했지
어느새
갸우스름히
삐뚤어진 한쪽 어깨.

내 몫의 배터리는 몇 눈금 남았을까,
담담히 어제처럼 내일로 가는 길에
수평 끝
이운 조각달
섬 하나로 떠오른다.

첫 번째 만남(간증 하나)

젖 물리던 첫째 아기 떼어 놓고 격리되어
하루하루 살얼음판 지옥인가, 연옥인가
밤 지나 강화 섬으로 요양하러 가란다.

혼자는 앉도 서도 자유롭지 못한 허리
결핵성 척추염이 전염될라 다들 꺼려
식판에 덜어온 날알 눈물 말아 먹었다.

진료실 앞뒤 차례 동명의 같은 병명
이럴 수도 있는 건지, 이런 일도 기적인지
통탄할 순간의 착오로 영과 육이 무너졌다.

주일 새벽 베갯머리 하늘빛 쏟아지며
귓가에 울려나는 뎅그렁 종소리에
꿈인 듯 몽롱한 채로 눈을 뜰 수 없었다.

걷지도 못하다가 어찌 교횔 달려갔나,
눈물범벅 돌아온 집 아무도 말이 없다
오, 주여! 제게 주신 기적, 구원 받은 온 가족.

두 번째 만남 (간증 둘)

너무나 버거운 삶 지치고, 싫증나고
포대기 속 둘째 아기 둘러업고 뛰쳐나와
담벼락
바람막이 삼아
아린 정월 지나왔네.

앞가슴에 돌려 품고 자장자장 토닥이다
양지 녘에 쪼그린 채 나도 그만 설핏 졸다
얼떨결
꽁꽁 언 얼굴
간지러워 눈을 떴다.

온통 부신 환한 빛 하늘 가득 그분 얼굴
날 굽어 내려 보는 늘어진 그 긴 수염
오, 주여!
당신 슬픈 눈빛에
오늘 저, 에 있습니다.

세 번째 만남 (간증 셋)

혼미함 속 헤매 도는 깊고 긴 병상에서
꿈인 듯, 생시인 듯 환청 같은 소리 있어
화들짝
눈을 떠 보니 사방 온통 눈부시다.

사락사락 끌리는 새하얀 치맛자락
영화나 성화 속의 낯익은 그분 모습
눈보다
더 흰 옷자락 병상 둘레 빙빙 돈다.

잡힐 듯, 만져질 듯 못 미치는 손끝 거리
안간힘 속 간절함에 비명 버럭 질렀더니
날을 듯
개운해진 몸 훌훌 털고 일어났다.

낮게 좀 더 낮게 당신 닮기 위한 결단
어찌해야 그분 뜻에 다가갈 수 있으려나

오, 주여!

때늦은 참회, 새벽마다 바칩니다.

가을, 애 잦다

소나기 퍼 붓듯이 그렇게 울고픈 날
마음속 은밀한 곳 그리움의 불심지가
석류 알
붉은 향기로
이 저녁을 태운다.

굴참나무 가지 사이 기웃대는 하늘 조각
세월이 강물같이 몇몇 해 흐른대도
차만들
어찌 잊을까
잊으려니 더 생각나.

늦가을 해 설피에 길게 풀린 한 그림자
가늠 못할 허전함 채워 줄 수 있는 사람
마지막
눈물의 기도는
너로 인해 행복했다.

회상

풀벌레 우는 소리 가을 깊어 가는 소리
찻물이 다 식어도 너 그여 올 리 없다
이리도
그리워짐은 마음 허한 탓이겠지.

한 주머니 두 손 넣고 낙엽 밟던 이 거리
한 폭 파스텔화 돌담 따라 펼쳐 있네,
걷는다,
추억을 밟고 한 줄 바람 앞세운 채.

볼우물이 얄미웠지 덧니는 더 수줍고
못다 준 사랑이라 잊을 순 차마 없어
외로이
홀로 서 있네, 오붓하게 걷던 강가.

어딘가 하늘 아래 거기 그저 있으려니
내 행복의 전부는 그리 믿고 사는 거,

때때로
부는 바람에
네 소식을 묻는다.

어쩔 수 없네

똑똑 스타카토Staccato로 고드름은 녹는데
사위 적막한 밤 다시 도진 불면증
그리움
눈물고랑에
음각된 채 덧나네.

매서운 겨울바람 무던히 견뎌 내고
스스로 서두르며 발정 난 봄꽃들은
넋두리
풀어놓듯이
앞다투어 벙그네.

가녀린 풀 여위듯 기다림에 지친 나날
무너지는 가슴 한쪽 달래며 추슬러도
내 정녕
어찌할거나
봇물 터진 설움을.

못내 그리워

떠나는 뒷모습을 보여주기 싫다하며
마주해 뒷걸음질로 “안녕” 하던 네 모습을
한 박자
숨 고르면서
지워보려 애쓴다.

눈길 가는 하늘 가득 환히 웃던 그 얼굴이
옛 언덕 찾아가면 지금도 있으려나,
몇몇 해
한날만 같이
설렘을 긷고 있다.

무심한 갈바람에 하릴없이 잎 털리듯
한 치 앞도 가늠 못할 우리 삶이 그런 것을
인생사
무상無常 속에서
외줄 타는 광대 같다.

여전히 안녕

사납게 비바람이

몰아치는 밤이나

그리워 그리다가

뒤척이며 날 새워도

깊은 곳

당신 품속의 나,

잘 있나요, 울지 않고.

속죄

샛된 허물 온갖 남루

포근히 덮으면서

내리네, 눈 내리네,

온 누리에 첫눈이

바벨탑

높이 쌓았나,

합장한 손 떨리네.

산문에 오르는 길

잡초 틈에 피어난 두어 송이 작은 풀꽃
이제나 저제나 눈길 한 번 더 받을까

하늘을

머리에 이고
숨죽인 채 떨고 있네.

구름 띠에 둘려 있는 산허리 그 너머엔
바람이 허연 낮달 우듬지에 걸어 놓고

모두는

그리움이라고
산사 풍경風磬 읊고 있네.

새해 아침 밝는 날

한 알 밀알 썩어져야 여문 알곡 거두듯
어두움 밝히고자 제 몸 사른 촛불같이

뉘 손길

희생 없다면
평안 어찌 누리겠나.

새날을 열고 싶어 극광을 재촉하며
기나긴 진통 견뎌 새벽을 순산한 밤

썩어질

밀알 되리라,
무릎 꿇는 새해 아침.

4부
삶, 그건

삶, 그건

올올이 풀린 별빛 드리우는 창가로
어쩌자고 귀뚜리는 구성지게 울어대나
썰렁한
한줄기 바람
회랑을 돌다 가네.

까만 하늘 별무리 속 어우러진 조각달
외딴길 담장 곁에 가로등은 졸고 있네
먼발치
어느 툇마루에
웃음꽃은 피는데.

안간힘 발버둥 속 휘적휘적 헤매 돌다
눈길 받지 못한 채 수굿해진 거북등은
구르다
잠시 머무는
한 잎 낙엽 같다네.

월남, 그 후

하늘 땅 모두 낯선 칠부 능선 넘어와서
자갈밭에 물관 되어 옥토를 일궈내려
파르르
밤이슬에 떨며
별 하나가 떠돈다.

칠흑을 밝혀 주는 어머니의 혼백이듯
까마득한 하늘 별 북극성은 길라잡이
돌고 돈
수십 성상星霜에
성城하나를 지었네.

여일餘日은 몽당비로 망향가나 부르면서
오순도순 밥상머리 옛 이야기 꽃 피우며
아늑한
지붕 밑에서
한 폭 삽화 되련다.

고대苦待

사랑이란 조용히도 젖어들어 가는 거,
흑백 사진 속의 웃는 모습 그대론데

담 밑에

쪼그린 채로
기다린다, 기진해도.

샛별 아직 밝은데 기척은 아예 없어
이렇게 휘청대며 찬 이슬에 젖다가는

기어이

갈증 난 영혼
계절 밖을 떠돌겠다.

이제나, 저제나

마른 숨 고르면서 꽃 피울 봄 기다리던
청보리밭 이랑마다 넘실대는 푸른 물결
지금 막
붓끝을 뗀 듯
한 폭 풍광 펼쳐진다.

백야를 들썩이던 매미 울음 뚝 그친 뒤
고즈넉한 빈 들녘 벼는 다 버혀지고
참새 떼
나락 쪼느라
꽁지 깃 쫑긋대네.

별마저 곤히 잠든 적막한 이런 밤엔
눈감아 더 생생히 그 얼굴 아른댄다.
오마고,
돌아오마고
서두르며 가더니.

첫눈 오는 밤

사악邪惡한 모든 존재

싹 다 지우려고

하얗게 수놓으며

눈, 눈이 내린다

펼쳐진

수묵화 한 폭

순수純粹 속에 눈이 멀다.

이울다, 그리고

어찌 아파야만

탐스러운 꽃 피울까

거친 바람 버텨내며

밤비에도 흠뻑 젖다,

피었다

꽃 진 자리에

익어 가네, 열매들

기억 저 너머

볕뉘 내린 툇마루는

칭얼대는 내 자리

별빛 어린 추녀 끝은

기다리는 엄마 자리

저 먼 산

멧새 우는데

별로 뜨네, 울 엄마가.

꽃샘추위

꽃 잔치 펼쳐질라

시샘하듯 달려와서

옷깃을 파고드는

오싹하니 시린 바람

몽니 속

꽃샘바람 불어도

그예 봄은 오겠네.

해와 달, 그 빛의 섭리

쏟아붓던 장대비 시침 떼듯 싹 멎더니
먹구름 휘장 찢고 얼굴 내민 햇살 기둥

심오한

하늘 이치를
새겨보라 하는 듯.

서산에 해 떨어져 밤 내내 교교한데
대글대글 빗금 치며 스며드는 달빛이

누리에

옥색으로 풀려
심혼 곳간 살찌우네.

기억 속 편린 하나

비 내리면 빗속을 눈 내리면 눈밭을
젖으며 뒹굴며 깔깔대던 나날들로
조금씩
아주 조금씩
첫사랑이 움텄다.

책장을 넘기듯, 꽃잎 지듯 가는 세월
아직은 놓지 못할 한 움큼의 미련덩이
기진해
더 잦아들기 전
연서戀書 몇 자 띄우고파.

긴긴 불볕 견뎌낸 아린 흔적 끝자락이
단풍이 된다 칠부하는 그 섭리를 깨달으며
석양에
말간 그리움
풀어놓고 싱긋 웃다.

그리다, 접다

창밖은 바람소리, 풀벌레 우는 소리
차마 접지 못해 가슴에 품은 채로
손톱 끝
꽃물 빠지듯
샛말갛게 지우려.

의젓한 황제인 양 비상하는 보라매로
결기 세운 성질만큼 도도한 청보리로
조명照明발
부시던 날엔
이상理想 하나 높았지.

잡힐 듯 닿을 듯 못 미치는 성취의 끈
파도가 몽돌 빚듯 아리게 깎이다가
언젠가
하늘 길 트이면
흔적 없이 잊힐걸.

분풀이

모난 돌 하나가

발부리에 툭 차인다

몇 발짝 내딛는데

발가락이 반란이다

너였어,

스치운 인연

찾아들고 싱긋 웃다.

지워야지 하면서도

은밀한 가슴 한편

걸어 둔 액자 하나

그 속에 예쁜 너를

잠시도 잊음 없이

천 날을

하루로 삼아

눈빛 맞춰 담아둔다.

어머니의 강

어머니의 강물은 마를 수가 없었네,
평생을 혼불 살라 물관 되어 주시더니

창밖에

나뭇가지를
만장挽章이라 하신다.

극광은 어디쯤서 새벽을 달려오나
까만 밤 샛별 하나 내 뜨락에 반짝이네,

보고파

아려한 모습
아, 그냥 먹먹하다.

꽃술 돋듯 그리워

가을밤 빗소리에 곤한 몸 잠 못 들어
조바심 속 해작이다 그렁저렁 날은 새고

뒷마당

성근 댓잎엔
빗방울만 뚝뚝 진다.

존재하는 모든 것은 변하고 또 잊힐 걸
닿을 듯 못 미치는 별리 앞에 절뚝이며

내 진정

은혜 하노라,
더 늦기 전 말할까.

실향失鄕, 그 뒤

비브라토Vibrato 떨림으로 실비 종일 흩뿌린다.
벙그는 꽃잎마다 슬픔은 왜 묻어 있나,
조막손
감꽃 줍던 기억
서러움이 될 줄이야.

논두렁에 흐느끼는 자운영의 붉은 눈물
햇살 담은 푸른 바람 고향 언덕 돌아왔나
늘 갈渴한
그리움 하나
노을 강에 반짝인다.

꽃길만은 아니었지 점과 점 이어온 길
절대 고독 속에서 온전한 나를 찾아
예쯤서
한 박자 쉬어 갈까,
바랑 벗어 베개 삼고.

단막극 한 컷

첫울음 터트리며 내 하늘이 열리던 날
먹구름 틈새마다 내리쏟는 햇살 기둥
펼쳐질
한 편 드라마
주연일까, 조연일까.

풍등風燈을 높이 띄워 옹골차게 치달리다
돌아본 강심에는 아직도 옹이 하나
야멸찬
굴곡의 시간
숨소리도 잦아든다.

그립다, 보고프다 식상된 그 낱말들
무심한 듯 묻어둔 채 무던히도 수십 성상
종래는
울부짖는다,
허공 멀리 어머니.

덧없음이여

유택幽宅에서 모시고 온 어머니의 혼백인가,
이른 아침 앞마당에 산 까치 한 마리가
발소리
토독 토도독
적막 속에 분주하다.

밤새 가을바람 습습하게 불어대고
섬돌 밑 귀뚜리는 신명에 차 똘또르르
미련은
또 그렇게 와
심사나 들썩이고.

갈채 속 빛 부셨던 그런 날도 있었거니
보란 듯 우쭐대며 지나온 시간들은
호숫가
물거울 위에
허상으로 얼비친다.

갈증 속에서

시야 끝 신작로가 뿌옇게 비틀댄다
허기, 또 죄어들며 혼신 다해 살라는데

안개 속

저 블랙홀이
오라오라 손짓하네.

버텨낸 안간힘 속 진실 된 하루였나,
황홀, 한 자락이 나붓대며 캐묻는데

난 아직

가쁜 호흡인 채
가식의 탈 못 벗네.

임진강은 말없음표

질곡의 긴 터널을 묵묵히 지켜보며
전설로 남길 역사 켜켜이 각인한 채

무심히

구름 떠가듯
흐르는 강 도도하다.

칠흑 속 그 총성은 아직 오싹 쟁쟁한데
은하수 어느 별에 군번줄 걸어놨나,

뒹구는

철모 곁에는
산딸기만 핏빛 같다.

아직은 미련이

사색의 그물 깁던 고즈넉한 돌담길에
싱그러운 돌이끼 풍광을 더해주고
아슴한
기억이 하나
장대 높이 나붓댄다.

깍지 걸고 별을 세며 반딧불이 따라잡던
샛말간 그 얼굴이 어른대며 스쳐가네
어차피
엇갈린 인연
잊지 못할 숙명인걸.

긴 세월 흐른 지금 세발로 휘청 서서
불콰한 노을 앞에 바람 하나 간절한 건
주름 꽃
한 다발 안고
너를 반겨 맞고 싶다.

글도 늙다

창공 높이 자유로운 철새의 푸른 꿈을
큰 바위 얼굴 삼아 신앙처럼 부둥킨 채
이루려
혼신을 다해
한 결로만 치달린다.

때로는 계절 밖을 헛발질로 휘청이고
무너지지 않으려 한 박자 느슨하게
고향 뜰
옛 둥지 찾아
부치는 힘 충전한다.

넋두리로 반겨주는 먼 주막 헤픈 타령
섬돌 곁엔 삽살개 혀 떨군 채 늘어졌네,
새벽별
쏟아질 듯이
내 하늘에 빛나네.

총총한 은하물가 기어이 쌍무지개
빗살 고운 새 아침 한 생애 돌아보니
한 자루
몽당비 되어
하회탈, 쉶게 웃네.

병상을 지키며

들숨, 날숨 아슬아슬 생사의 가쁜 고비
악몽 같던 수술실 무던히 견뎌낸 님
그 반쪽
무릎을 빌려
숲 벤치에 눕는다.

나뭇가지 사이사이 흰 구름 파란 하늘
한 나무 가지에도 떨리는 잎, 잠잠한 잎
우리네
달려가는 길
희비곡선 얽혀 있네.

한 찰나 구름 흘러 쪽빛으로 열린 하늘
자연도, 인간사도 예정된 신의 조화
하늘 품
어느 별에서
지켜 주신 어머니.

구름 속 달 가듯이

얼음장 그 밑으로 돌돌돌 돌또르르
겨우내 봄 그리며 몸 푸는 물소리에
다투듯
피어오르네,
싱글벙글 봄꽃들.

볕 좋은 잔디밭에 눈에 든 젊은 한 쌍
바람결에 긴 머리채 내맡기고 노닥이네,
나뭇잎
사이사이로
파란 하늘 언뜻 뵌다.

내 삶 깊숙한 곳 가을 또 젖어들고
달랑 남은 한 장 달력 나이테에 덧줄 긋고
가지 끝
잎새 하나가
떨어질 듯 흔들리네.

오직 하나 푸른 꿈

새날 빛의 맥박 소리 극광을 밀고 오듯
자욱이 이마 가득 바람소리 반기면서
올곧은
의지 앞세워
한 결로만 치달린다.

잔설 밑 마른 가지 새물 잣는 갈망처럼
아득한 시공時空 밖을 날개도 찢겨가며
일으킬
불씨 하나를
꺼질세라 축원하네.

졸라맨 허리띠에 두 마음 한데 묶어
무두질 쳐 몰고 온 고비마다 핏물 자국
눅눅한
기억들일랑
잉걸불에 던진다.

설핏한 이 어슬녘 들길 오싹 휘휘한데
희뿌연 산허리에 쌍무지개 걸려 있네
잎 다 턴
노송 한 그루
구붓한 등 곧추선다.

그리움, 그 무게

죽어도 좋을 만큼 은혜했기 때문에
애써 가려는 너 굳이 잡지 않으마,
별리란
잊을 수 없는 것을
다 잊고야 간다지.

하염없는 기다림도 행복했던 시간들
가랑잎 밟는 소리 아픔 될 줄 몰랐네,
서러움
못내 터진다,
옛 그림 그려보다.

그 어느 하늘 아래 별을 헤고 있으려니
믿는 맘 하나로도 숨은 쉴 수 있는 거,
사태 진
보고픔 한 겹쯤
꿀꺽 삼켜 버리마.

널, 그리다

하얗게 부서지며 돌아서는 해조음
폐선 한 척 졸고 있는 겨울 바다 모래톱에

심심한

물총새 한 마리
하얀 빛살 쪼고 있다.

설경을 덧칠하듯 언덕 위 빨간 지붕
늘그막 빈 둥지엔 등 굽은 외 그림자

내 차마

지울 수 없어
나, 세상 속 섬이 되다.

기웃대는 달빛

감꽃 피면 오마더니 기별은 감감하고
하르르 또 하르르 꽃잎이 지는 소리

괜시리

애 잦는 가슴
그리움만 덧나네.

밤 내내 뒤척이며 종래는 잠 못 들다
심상찮은 바람 소리 행여나 하는 맘에

화들짝

창문을 여니
둥근달로 네가 웃네.

5부
엄마 나무

엄마 나무

밤마다 죽었다가 아침이면 되살아나
저 깊은 뿌리까지 물관이 되어 주려
요란히
치대가면서
또 한 끼를 반죽한다.

근심도 푹 삭히면 단물 되어 흐른다지,
결실을 기다리는 한 그루의 이 나무가
버겁게
쳇바퀴 돌려
또 가을을 익힌다.

군침 도는 열매들이 오색으로 올라오면
넓고 푸른 잎사귀에 한 상 가득 풍성하다
얘들아,
밥 먹자 어서,
감사기도 드리고.

향수(둘)

찾아갈 기약 없어 눈 감아 그려 본다
기억 속 멈춘 시간 별 밭 아래 펼쳐 놓고
아, 나는
어느 돌담 밑
고달픔을 긷고 있나.

아득한 고향 산천 앞을 다퉈 몰려오면
봄 내음 한 상 가득 넘쳐나는 그 감칠맛,
냉이에
바지락 듬뿍
된장찌개 보글보글.

일렁이는 강물은 파노라마 펼쳐가며
바람결에 실어준다, 재嶺 너머 소식 하나
아랫목
술 익는 소리
뽀글뽀글 톡 톡 톡.

진달래

긴 겨울 견뎌내며

봄꿈에 젖은 가지

바위틈에 쏘옥 내민

그 얼굴이 하도 탐나

꺾을까

망설이다가

눈에 담고 돌아 선다.

나의 노래

계절은 돌고 돌아 나이테를 늘려가도
액자 속 웃는 모습 시간 밖에 사나보다.

설움만

깊던 자리도
돌아보니 아름답다.

열심히 살아내며 볏짚처럼 삭아져도
이 갈한 영혼에게 한 아름 꽃다발을

멋지게

헌화하련다,
골골대는 늘그막에.

섭리 안에서

미로 속 나그네 길

한치 앞도 알 수 없다

조물주의 각본대로

연출하며 사는 것을,

언젠가

안개 걷히는 날

홍예교虹霓橋를 건너려나.

* 홍예교 : 홍교라고도 하며 무지개다리를 뜻함.

산책을 하며

풀숲 외진 자리 소곳한 꽃 한 송이
눈길은 못 받아도 함초롬히 피었구나

청잣빛

하늘 벌에는
낮달 홀로 외로운데.

자연이 빚어내는 화음으로 귀 맑히면
보고픔은 바다보다 점점 더 깊어가고

먼 데서

예배당 종소리
더 둥글게 살라한다.

또 하루

굽어진 등줄기를 꼿꼿이 세우라며
온 밤을 쏜살같이 동살은 달려와서
단막극
일막 일장을
연출하라 서둔다.

어느새 들머리엔 왁자한 감빛 노을
둥지 찾는 기러기 떼 날갯짓 부산한데
아득한
뱃고동 소리
풍광을 덧칠한다.

도심 속 건널목엔 총총한 발걸음들
둘러앉은 밥상머리 살아낸 이야기로
웃음꽃
활짝 피우니
예가 바로 천국이네.

오월의 성묘

언 땅속 긴 겨울을 이겨내신 어머니께
한 다발 카네이션 품에 안겨 드립니다.
어느새
봄 꽃잎들이
몸 가벼이 날리네요.

보랏빛 제비꽃을 머리맡에 피우신 님
지치고 막막할 때 훌쩍 와 뵙고서야
불효한
은발의 여식
꿋꿋할 수 있답니다.

휙 하고 유성 하나 빗금 치는 밤하늘,
저 은하 어느 별에 그 영혼 담그시고
나침판
되어주시며
베개 가를 지키시네.

오늘도

수천을 찢고 오른 이글대는 너를 보며
축복의 이 하루를 감사로 맞이한다.
찌그둥
기운 어깨에
힘을 듬뿍 넣으며.

꽃구름의 그림자 드리워진 물길 따라
나룻배 누굴 싣고 어디론가 떠나가네.
괜시리
울컥해진다,
못다 지운 보고픔에.

마을 어귀 뻘쭘히 장승처럼 우뚝 서서
그림자 드리우고 달린 하루 돌아보니
노을은
떨어지는데
회한 한 줌 어쩌나.

한 여름

백야를 한낮인 양 매미 울음 줄기찬데
풀숲엔 나직하게 풀벌레들 찌르댄다.
반가운
한줄 소나기
기다리다 지치겠네.

개울가 물놀이에 배고픈 줄 모르다가
한입 깨문 얼음과자 이가 시려 쩔쩔맸지
희미한
유년의 기억
어찌 쉽게 잊을까.

아린 불볕 견딘 후 탱글탱글 알곡 되듯
이겨낸 모진 날이 주름 골엔 훈장인 걸
오감五感이
무디어져도
여일은 무던하다.

어머니

연일 굵은 비가

쏟아지는 일상에서

질척대도 가야 하는

갈증 난 삶이지만

힘내라,

다독이시려

버선발로 오신 모정.

다 비우려

대숲 지난 대大바람을 이마로 반겨가며
붉게 웃는 홍단풍이 어서 오라 손짓하는

불쾌한

노을 길 따라
너랑 같이 걷고 싶다.

어느새 잔별 뜨고 사방은 고요한데
절집 마당 탑돌이에 합장한 손 떨리네,

청아한

목탁 소리만
세상 번뇌 놓으란다.

염원念願

초침은 쉴 새 없이

계절을 썰어대도

모순된 세상일은

무심한 듯 돌아간다

목청껏

부르는 아리랑에

봄 햇살이 반짝이네.

낙화

지난 밤 시원하게

비바람 쏟아부어

능소화 꽃자리에

붉은 웃음 걸어 두고

맨땅 위

알몸 그대로

멍든 기억 줍는다.

뙤약볕

만물을 쪄버릴 듯 숨통을 조여 오며
몽니를 부리듯이 불볕 세례 쏟아붓네
호박잎
널브러진 채
텃밭에서 헐떡인다.

작열하는 땡볕도 은혜임을 알고서
초연히 견뎌내며 살이 붙는 오곡백과
반가운
소나기 한 줄
님인 듯이 와 줬으면.

갈채 속 광채 나던 그 순간을 간직한 채
팔부 능선 이쯤에서 깨달은바 순리대로
사랑할
모든 것들을
더 뜨겁게 사랑하리.

사향思鄕

푸른 바람 넘나드는 대청에 벌렁 누워
방파제 후려치는 파도 소릴 듣노라면
실핏줄
말갛게 피운
앳된 날이 떠오른다.

어촌의 고향집은 말동무가 그리운데
수평 끝 섬 하나도 하릴없다 멀뚱대네
길섶엔
뜸한 발소리에
들꽃 절로 귀 세운다.

젖은 죽지 고르면서 석양을 터는 물새
그물 깁는 백발 어부 안쓰럽게 떨리는 손
장대 끝
비릿한 생선
삶의 내음 그윽하다.

어느 노숙자

눈, 비 맞아가며 사시사철 그 자리에
밤낮을 쪼그린 채 등신불로 사는 사람
머리채
한 다발 묶고 여전히 초연하다.

다 해진 돗자리에 우산, 물병 옆에 두고
하늘 한쪽 덮고 누워 태평세월 보내는데
가끔씩
벗어 놓은 구두로 동전들이 던져진다.

저당 잡힌 낯선 이름 가장이란 두 글자
무릎 뚫린 청바지 그 사이로 머리 묻고
끝끝내
못 지운 둥지 그려 본들 무엇하나.

어쩌다 나, 눈 마주쳐 울컥 울음 터질라
어른대는 얼굴들 뭇별로나 띄워 놓고

차라리
품바 타령으로 눈먼 세상 탓 하구려.

바람願

뒤척이며 잠 못 들 때 밤하늘 바라보면
반기듯 눈빛 맞춰 윙크하는 별 하나가

까닭을

들어보자는 듯
초롱초롱 빛난다.

살아온 나날들이 아직은 미련덩이
못다 한 성취의 꿈 이루려는 안간힘 속

애타는

심방心房 깊숙이
한줄기 빛 처절하다.

자유로 철책 안에는
-T.V 환경 스페셜을 보고

알을 깨고 꼼틀댄다, 네 마리 해오라기
온 종일 물어 와도 배 채우라 보채더니
무녀리
눈도 못 뜬 채
형제들의 먹이 된다.

짝짝 벌린 입마다 채워줄 수 없기에
어미 새 슬픈 눈빛 멀뚱하니 끔벅이네,
약둥이
물어뜯기다
둥지 밖에 밀쳐진다.

주린 배 움켜쥐고 슬렁대던 저 너구리
할딱이는 아기 새를 한입에 털어 넣네.
찰나에
제 살을 잃고
절규하는 어미 새여!

가장, 그 십자가

첫 새벽 줄지어 선 하루살이 목숨들이
한 두름 굴비처럼 줄 하품을 엮어놓고
헛물만
잔뜩 켜고서
어둠 속을 비껴간다.

자판기가 내미는 믹스커피 한잔으로
쓰린 속 달래가며 둥지 찾는 동틀 무렵
맞은편
빨간 신호등
그 발목을 잡고 있다.

집집마다 배달되는 동살은 살가운데
어둠은 제집인 양 쪽문마저 닫아건 채
배고파
우는 아이들
문틈으로 내보낸다.

여일餘日은

유년의 추억들이 고향집에 살고 있다
토담 장 그 둘레로 해바라기 키를 재고
물오른
봉숭아 꽃잎
기어이 뚝뚝 지네.

샛강의 물낯 위로 금빛 햇살 자글대고
송사리 서너 마리 반두 안에 팔딱이면
덩달아
고추잠자리도
날갯짓이 분주하다.

기왓장에 버짐 피고 우물도 말랐구나,
골찬 꿈 이루려고 내달려온 이쯤에서
옛 둥지
정서의 텃밭에
시전詩田이나 일구려네.

차안과 피안 사이

들숨과 날숨 사이

하늘과 땅 사이에서

한 찰나 머물다가

깃털이듯 가볍게

다 털고

날아가리라

저 영원한 모토母土로.

가슴으로 쓰는 시

산다화 피는 골에

안개비 자욱하다

헐렁해진 생의 마디

다시 또 조이려고

고요와

마주 앉아서

눈물 없이 울고 있다.

어느 포구에서

동틀 녘 아귀다툼 왁자한 삶의 터에
비릿한 이 어魚판장 반짝이는 은비늘들

좌판대

이곳저곳에
팔딱이며 모여 든다.

달빛 내린 싸한 벌판 숫눈도 밟아가며
힘겨운 풍파까지 품었어도 아직 여기

저, 수평

먹빛 바다로
유성 하나 숨 거두네.

꽃비를 맞으며

내 마음 닮은 그는

계절 속에 잊혀가도

꽃잎 넣은 손 편지로

보고 싶다 전하고파

한 찰나

벚꽃의 절정

봄, 와르르 무너진다.

삶을 관조觀照하며

한 마리 저 벌새의 오색 깃털 눈부셔라
날갯짓 부지런히 이 꽃 저 꽃 기웃대다
한참을
정지한 채로
그림처럼 꼼짝 않네.

긴 주둥이 깊이 꽂아 꿀 뽑기에 열중이다
육아 시절 막둥이와 어찌 저리 대조될까
젖꼭지
밀어 내면서
먹기 싫다 골 부렸지.

이 하늘, 저 하늘밑 뿌리 내린 살점들이
오늘쯤 느슨해진 오금을 좀 조여 줄까
한 뉘를
돌린 나날이
주름 골에 빛나네.

밤하늘에 띄운 편지

양귀비 쉬으시면 또 염색해 달라구?
"아이구 무릎이야, 에구구 내 허리야"
그 소리
듣기 싫다며
짜증부터 내뱉었다.

따스한 말 한 마디 위로하지 못하고
서둘러 병원 한번 모시지도 않았네
평생을
속죄해 본들
어찌 탕감 받을까.

한바탕 울다 웃다 떠나야할 생生이란 걸
이제야 알 듯도 한 그 불효를 후회하며
고애자孤哀子
머리칼 물들이다
홀로 웁니다, 어머니!

고백

쨍하고 깨질 듯한

가을하늘 바라보다

찡하고 흐려오는

눈시울은 웬일일까?

아마도

가식의 탈을

못다 벗은 탓이리라.

■ 평설

눈물로 엮은 진주

김흥열 (사단법인 한국시조협회 이사장)

『차안此岸과 피안彼岸 사이』라는 시조 작품 원고를 받아 들고 많은 고심을 했다. 내가 과연 다른 작가의 시 세계를 이해할 능력이 되는지, 작품을 옳게 분석할 능력은 있는지 등등 많은 생각이 교차하면서 망설임을 갖은 것도 사실이다. 하지만 순수한 눈으로 능력의 한계 내에서만 작품을 평하기로 했다. 평한다는 말보다는 해설한다고 보는 편이 정확할 것이다.

평소 내가 알고 있는 김은자 시조시인은 고향이 이북이고 부부간에 금슬이 좋고 살림도 넉넉하고 자녀들도 모두 잘 키워 남부러울 일이 별로 없는, 그야말로 행복이 가득한 가정을 이루고 사시는 분이시라는 것과 시조를 열심히 쓰는 분이라는 게 내가 아는 전부이다.

이렇게 다복하심에도 불구하고 시인 마음의 곳간에는

채울 수 없는 부족함이 존재하고 있는데 이것은 바로 향수와 어머니에 대한 그리움이다. 이 그리움은 돈으로도 권력으로도 명예로도 채울 수 없다. 딱 집어 한 마디로 표현하기 어려운 아쉬움과 공허감의 바람이 수시로 가슴을 들락거리고 있는 것이 아닐까 한다.

왜냐하면 작품을 열람하면서 구석구석 배어 있는 고향에 대한 그리움이 남다르다는 점을 새삼 발견했는데, 떠나온 향수 때문이겠지만 강제로 발목을 잡고 있는 분단의 아픔이 그를 더 아프고 그리움에 젖게 만들었을 것이다.

보통사람들은 가고 싶으면 언제라도 고향을 찾을 수 있으나, 자유를 찾아오신 분들은 이념의 벽에 부딪혀 꿈이 아니면 자유롭게 가 볼 수 없는 운명적인 삶을 살아가고 있는 것이 현실이다.

김은자 시인은 시조 공부에 남다른 열정을 가지고 있다. 시조를 사랑하는 열정이 없는 시조시인들은 적당히 3장 6구 12소절이나 지키려 하겠지만, 김은자 시인은 접근 방식이 다르다. 시조의 DNA을 손상하지 않으면서 새로움을 추구하는 시인이다.

고시조에 근거한 시조라지만 현대시조는 고시조와는 다른 모습으로 세상에 얼굴을 드러내야 한다. 미래에는 '세계화'라는 모습으로 발전해야 한다. 미래의 시조는 현대시조와는 그 모습이 또한 달라질 것이다. 김은자 시인은 이런 특성을 잘 살려서 작품 활동을 한다.

『차안此岸과 피안彼岸 사이』에는 총 140수가 수록되었으며 28수씩 5부로 나뉘어져 있다. 필자는 기존 방식과는 다른 방향에서 접근하여 시조를 평하고자 한다. 먼저 시조의 정형성과 문장 구성을 중심으로 들어간 후 작품의 예술성을 살펴보고자 한다. 물론 작가의 작품 모두가 시조 형식에 딱 들어맞는 것은 아니다. 한두 수 어긋난 작품이 없는 것은 아니나 크게 문제될 것은 없다고 본다.

이제 시인이 가꾼 숲으로 들어가 그가 숨겨놓은 보물을 찾아보기로 한다. 숨겨놓은 보물을 하나씩 찾아내어 시인의 정신세계를 짜 맞춰 보고자 한다.

1부

모든 생명체는, 아니 생명이 없는 것까지도 세월 앞에서는 어쩔 수가 없다. 그래서 우리는 종종 '세월을 이기는 장사는 없다.'라는 말로 삶의 무상함을 말하곤 한다. 말은 마음의 소리이고 글은 마음의 그림이라고 한다. 특히 시조에서 화자의 글은 화자가 그린 자신의 마음이라 할 수 있다.

덩그마니 연시 몇 알 가을빛을 담아놓고
바닥이 보일 듯이 수척해진 강물 위로
마른 잎
몇 개 매달고
나뭇가지 일렁이네.

텅 빈 벤치 위로 나른한 햇살 줄기
기억의 조각 모아 앳된 날을 돌아보니
풋 가슴
석류 벙글 듯
탱탱하게 농익었지.

피 흐름의 반란인가, 띄엄띄엄 저린 마디
양지 녘 잔설이듯 머잖아 스러질 걸,
희끗한
세월 자락이
죄 없이도 부끄럽다.

–「겨울 강가에서」 전문

연시는 가을색의 대명사다. 그러나 연시가 주는 느낌은 쓸쓸하고 허전하다. 몇 잎 남은 잎사귀는 한 시대의 영화를 내려놓아야 하는 운명적인 삶을 대변해 주고 있다.

화자는 은유보다는 사실적 표현으로 시조 전체를 통하여 어떤 이미지를 만들어 내고 있다. “마른 잎 몇 개 달고”, “텅 빈 벤치”, “양지 녘 잔설”, “희끗한 세월 자락” 같은 어휘를 동원하여 모든 걸 다 내려놓고 하늘만 쳐다보는 이미지로 우리는 모두 하느님 앞에 죄인이라는 점을 자각하고 용서를 빌어야 마땅하다고 말하고 싶은 것이다. 이 세상에 죄 없는 사람은 없다. 만약 죄 없는 사람이 존재한다면 그는 사람이 아니고 이미 신神의 존재이다.

시인의 공간은 쓸쓸한 공간이다. 하지만 이 공간을 시인은 연금술사처럼 미학의 공간으로 바꿔 독자에게 아름다움을 선물하는 재주를 지니고 있다. 이 작품을 문장구성으로 보면 조사와 연결어미 등으로 구와 구, 장과 장이 잘 연결되고 있다. 작품 전반이 정형을 이루고 있는 점이 이번 시조집의 특징이다.

물 위에 투영投影되어 풍경이 된 자연 속에
외다리 왜가리는 갈 곳이 없나 보다
한 길손
징검다리 건너
타박타박 멀어진다.

갈 숲의 바람소리, 새소리를 동무 삼아
물길 따라 걷는 일은 해맑아 즐거워도
어쩌나,
가는 세월이
흐르는 강인 것을.

꿈결이 찰나이듯 우리네 짧은 생도
한줄기 볕살 앞에 새벽이슬 같아도
강물은
추억이 되고
그 추억은 시가 된다.

-「어느 샛강에서」 전문

시인은 첫 수 초장에서 외다리로 서 있는 왜가리를 보고 "쓸쓸한 저 왜가리"라고 말하고 있지만 셋째 수 종장에 가서 "강물은 추억이 되고 그 추억은 시가 된다." 라고 마무리를 짓고 있다. 과거의 가슴 아픈 추억도 세월이 지나 되돌아보면 아름다운 추억이 된다. 한 줄기 햇살 앞에 영롱한 이슬 또한 곧 말라버릴 운명을 타고 났지만 우리는 아침이슬을 보고 진주처럼 아름답다고 말하기도 한다.

짧은 겨울 해가 석양을 풀고 있네 // 이 하얀 그리움은 어머니의 눈물인가 // 그 존재 그 미소만이 살아야 할 이유였다. －「노을 강엔 그리움」 둘째 수

이별이 그리움보다 더 아픈 걸 깨닫는다.
－「영혼의 무게」 종장

한 토막 팬터마임이 쓸쓸하고 애잔하다.
－「바램」 둘째 수 종장

갈라진 토담 벽엔 담쟁이만 무성하고
술래잡기 하던 장독 여기저기 깨져 있네
한순간
울컥해진다,
절로 붉은 노을 앞에.
－「옛집, 텅 비다」 셋째 수

이처럼 여러 예문에서 보여 주듯이 시인의 포에지poe`sie는 대체적으로 쓸쓸하고 허전하다. 그러나 이런 심상들은 희망적이며 미래지향적인 방향으로 독자를 안내하고 있다.

붉게 녹슨 탄피 제멋대로 뒹굴어도
고개 떨군 할미꽃 철모 곁을 지키네

그리워

못내 그리다
소복으로 오신 모정母情.

모두는 아득한 것 그리 잊혀 가는 것
그날 그 총성이 귀울음 속 쟁쟁한데

먼 산에

소쩍새 운다,
먹먹하다, 고요하다.

－「아, 유월 그 날」 전문

우리는 6월이 오면 삭았던 응어리가 다시 생기는 아픔을 지니고 있다. 외세에 밀려 한 핏줄이면서도 지울 수 없는 상처를 남겨 놨다. 그 상처는 70년이 다 되도록 아묻지 못한 채 6월이 되면 악몽처럼 되살아난다.

아들의 죽음을 보고도 어쩌지 못하는 어머니의 심정은 예수님이 십자가에 못 박혀 돌아가시던 모습을 그냥 지켜볼 수밖에 없던 성모님의 마음과 다를 수 없을 것이다. 그래서 한 맺힌 삶을 살다 간 모정은 죽어서도 아들이 그리워 한 송이 할미꽃으로 환생하고 그 꽃은 아들이 쓰고 있던 철모 곁을 지킨다고 말하고 있다. 아마도 그 철모 아래에는 흙이 된 아들의 시신이 있지 않을까. 무기력한 어머니는 할미꽃으로 환생해서도 백발이 될 때까지 그 곁을 못 떠나고 있다고 느낀다. 그런데 어느 먼 곳에서 이를 본 소쩍새가 할미꽃이 된 모정을 대신하여 밤을 지새워 통곡을 하고 있는 것이라 생각한다.

시인의 이런 감정 이입으로 인해 독자도 가슴이 먹먹해지며 숙연해질 수밖에 없다. 특히 우리나라 어머니들의 자식 사랑은 유별나다. 어느 나라 어머니이건 자식 사랑이 없을까 마는 우리의 어머니들은 자식을 위하여 기꺼이 목숨을 바꾸어줄 준비가 되어있고 자식을 위한 죽음에 전혀 두려움을 갖고 있지 않다.

시인은 소쩍새가 우는데 고요하다고 한다. 왜일까? 논리적으로 말하면 고요를 깬다고 해야 맞다. 지금 그 순간 시인의 머릿속에는 자식에 대한 생각만으로 꽉 차있기 때문에 다른 소리는 들리지 않는다. 머릿속의 세상 잡념이 사라진 뒤이니 고요할 수밖에 없을 것이다. "총성", "소쩍새 소리" 등으로 적막함이 깨질까 봐 의도적으로 "고요하다"라는 말을 끌고 온 것이라 여겨진다.

시인은 아들 바보이다. 아들 생각만 해도 가슴이 먹먹해지며 눈물이 나는 어머니다. 이 눈물은 다름 아닌 사랑의 눈물이다.

아지랑이 눈웃음에 현기증 난 아침 햇살
헤어짐은 만남의 또 다른 약속이라
아파서
더 절절한 거
그게 바로 모정이지.

동그라미 그리면서 가랑잎 굴러가네,
함박웃음 터트려 달려들 것 같은 날엔
아련한
너의 자태가
노을 강에 아롱진다.

골찬 꿈 경영하는 그 하늘도 파랄 테지
우편함 기웃대다 울컥하는 이 서러움,

갈잎도
속울음 운다
상사화는 피고 지고.

-「어쩌랴 아들아」 전문

시인은 중장, 종장에서 "함박웃음 터트리며 달려들 것 같은 날엔//아려한 너의 자태가 노을 강에 아롱진다"라며 아들에 대한 모정을 드러내고 있다. 아마 이 아들은 멀리서 자신의 영역을 늘려가는 중일 것이다. 그러니 자주 만 날 수 없다.

셋째 수에서도 "우편함을 기웃댄다."라든지, "상사화는 피고 진다."라는 표현으로 간절한 그리움을 노래하고 있는 것이다.

시인의 마음속의 빈 공간은 못 가져서 비어 있는 공간이 아니라 너무나 꽉 차고 흘러넘쳐 생기는 공간이다. 상당히 역설적이다. 이 작품 역시 각 장의 독립성을 유지하면서 종결어미로 분명하게 매듭을 짓고 있다.

왠지 모를 적막감에 먼 하늘만 바라본다.
봇물처럼 밀려드는 주체 못 할 이 서글픔
등 굽은

그림자 하나가
한사코 따라오네.

배롱나무 붉은 꽃잎 선혈을 토하는데
스산한 저 들녘 하늘대는 살살이 꽃
해 낮에
코 고는 소리
영감님은 태평이다.

물 흐르듯 가는 세월 달랑 남은 달력 한 장
생의 끝은 죽음 아닌 잊힘이라 하는데
쌩쌩한
바람 속에서
나이테나 돌리고.

—「하얀 독백」 전문

첫 수 "봇물처럼 밀려드는 주체 못할 이 서글픔"이나 셋째 수 초장에 "달랑 남은 달력 한 장" 같은 표현 역시 쓸쓸함이 묻어 있다. 시인의 집 대문을 열면 아름다운 꽃들이 만발해 있고 온갖 새들이 온종일 노래할 것 같은데 그 아름다운 정원 한쪽에 공허한 삶을 쌓아두고 불가항력적인 세월의 나이테를 돌리고 있다. 이런 일련의 감정은 석양에 물든 세월을 안타까워하는 아쉬움일 것이다. 고향 친구들, 고향집에 대한 향수, 부모 형제에 대한 그리움 등, 이런 삶은 타인에 의해 강제로 점령당한 내 영토이다. 강탈당한 자유이다.

그래서 시인은 가슴 아파하고 있다. 둘째 수 종장 첫마디를 "아, 난 또"처럼 만들었다. "아,"는 가벼운 감탄을 나타내고 "난"은 '나는'을 줄인 말이고 "또"는 놀람을 나타내는 부사어이다. 부사어는 문장부사와 성분부사가 있고 기본 문장을 확대시키는 역할을 하는데 '또'는 놀람과 확대의 영역을 포함하여 사용된 말로 보아야 하므로 문제 될 것이 없다고 본다.

내려앉는 젖무덤 어느새 기우는 몸
낡아지는 생각 저 편 가없는 그리움만
보고파
대책 없는 밤
늡늡했던 내 분신,

–「이 계절, 그리움」 셋째 수 전문

이 절집 추녀 끝에서 바다 품이 그립다네.

–「이 가을은」 둘째 수 종장

추녀 끝에 달린 풍경 추가 물고기 모양이다. 그러나 이 추는 단순히 풍경을 울리게 하는 단순한 추가 아니라 살아 있는 물고기이다. 바다가 아무리 그리워도 등에 구멍을 내고 묶어놨기 때문에 갈 수가 없다. 시인 자신이다.

흰 구름 펼친 그림에 네 얼굴 들어 있네.
－「널 그리며」 첫 수 종장

그날 그 개구쟁이들 불러 봐도 메아리뿐.
－「돌아보다」 둘째 수 종장

이처럼 시인은 온통 그리움에 둘러싸여 산다. 나이가 들면서 고향이 그립고, 친구가 그립고, 부모형제가 그리운 것은 누구나 같겠지만, 시인은 아이러니하게도 풍요 속에서 갈증을 느끼고 있다.

따스한 햇살 밭에 나비 한 쌍 분주한데
민들레 하얀 꽃씨 호호 불며 깔깔대던
어릴 적
흐릿한 영상映像이
하늘 강에 얼비치네.

오매불망 그려보는 모란봉 공원 벤치
오라오라 두 팔 벌려 부르시던 아버지,
나 아직
잊지 못하네,
뒤뚱대다 깨진 무릎.

너덧 살 적 기억 한 점 평생의 가슴앓이
느꺼워 구름 타고 훌쩍하니 가 보고파
한 서린
아리랑 한 소절을
강물에다 띄운다.

–「까마득한 북녘 땅」 전문

이제 드디어 유달리 그리움이 많았는지 빈 곳간에서 단서 하나를 찾아냈다. 북녘 땅은 까마득할 만큼 먼 거리가 아니다. 승용차로 가면 불과 두세 시간이면 닿을 수 있는 거리지만 시인이 느끼는 공간은 수만 리 떨어져 있는 거리이다. 70년을 달려가고도 아직 길의 끝은 보이지 않는다. 이산의 아픔을 어찌 당해보지 않은 사람이 알 수 있으랴.

3부

뒷마루 끝에 앉아 손깍지 걸었을 때
콧물 닦은 팔소매가 반질반질 정겨웠지
목청껏
불러본 이름
아득한 메아리여,

너 잠든 만삭의 집 이제야 찾아오니
할미꽃 한 송이가 눈물처럼 피어서
서글픔
보태고 있다,
옛 동산을 그리며.

엄마가 보고픈 밤 두견새는 울어대고
어스름 달빛 아래 잠 못 드는 골물 소리
한 생애
여윈 잎 하나
적막 속에 떨린다.

–「덧쌓이는 외로움」 전문

우리는 누구나 추억을 먹고 산다. 6.25세대들은 어릴 때 유난히 콧물을 많이 흘렸다. 요즘 같으면 병원 문턱이 닳도록 드나들었겠지만 당시에는 병원도 드물고 치료할 돈도 없었다.

자연치유가 유일한 치료약이며 의술이었다. 그때는 손수건이 없어서 팔소매에 콧물을 닦아보던 추억 하나쯤은 누구나 다 가지고 있다.

겨울이면 썰매 타고 팽이 치고 눈싸움하고 바짓가랑이가 젖으면 불을 놓고 쬐여 말리다 태워 먹은 적도 한두 번이 아닐 것이다. 시인은 지금도 이런 추억을 아득한 메아리로 듣고 있다. 아니 메아리가 그의 가슴에 살고 있는지도 모른다. 두견이 우는 밤이면 모정이 살아난다. 그래서 시인은 또 잠을 이루지 못하고 뒤척이고 있는 것이다.

물수제비 띄우던 호젓한 이 강가에
지팡이 짚고 와서 그저 말을 잃었을 뿐
음각된
추억 하나는
철책 너머 아련하다.

그날 그 총성이 아직은 오싹한데
아, 다시 6월 언덕 피 토하는 소쩍새여,

증오가
녹슨 자리엔
붉은 꽃만 하늘댄다.

허공에 외쳐보는 오매불망 남북통일
어느 날쯤 이뤄질까 여생의 소망 하나
철조망
걷어내는 날
못내 말문 막히겠네.

－「오, 그 날」 전문

시인은 고향이 그리워도 찾아갈 수 없기에 지척에 있는 임진강을 찾아와 고향하늘을 바라보며 아쉬움을 달래보곤 했을 것이다. 어머니를 부르면 들릴 듯한 거리지만 자신이 처한 한계를 느끼며 작은 조약돌 하나를 들고 자신의 마음을 실어 북녘으로 보내고 싶다. 이제 얼마 남지 않은 여생을 두고 소망 하나가 있다면 그것은 바로 통일이다. 남북이 진정 화해하고 철조망을 걷는 날이 온다면 시인은 아마 너무 놀라서 실어증에 걸릴지도 모른다. 사람은 누구나 큰 충격에 빠지면 순간 입이 굳는다. 말문이 막히는 법이니까.

꽃구름의 그림자 드리워진 강물 위로
반짝이는 물의 주름 한 겹씩 벗겨내며
청운의
옹골찬 꿈을
한 결로만 다독인다.

한때는 갈채 속에 거드름도 피워가며
양 날개 풋풋하니 보무 또한 당당했지
어느새
갸우스름히
삐뚤어진 한쪽 어깨.

내 몫의 배터리는 몇 눈금 남았을까,
담담히 어제처럼 내일로 가는 길에
수평 끝
이운 조각달
섬 하나로 떠오른다.

-「산다 함은」 전문

꽃 그림자 드리운 강물을 헤쳐 보면 유년의 때 묻지 않은 푸른 꿈이 가라 앉아 있을 것만 같다. 젊음이 절정에 이르고 하고픈 뜻을 이루었던 지난 날, 그때는 세상 두려움을 몰랐다. 하지만 세월 앞에 누구도 저항할 수 없어서일까. 어느새 등은 굽고 어깨는 처져 있다. 이 순간 자신에게 남겨진 배터리(시간)는 얼마나 남았는지 알 길이 없다.

오직 조물주 또는 내 생명의 스톱워치를 쥐고 계신 주님만이 아는 사실이다. 그래서 또 하루해가 저물면 그만큼 남은 배터리는 눈금이 줄어들 것이다. 그리고 마침내는 수평선에 조각달이 이울면 섬 하나가 새로 뜰 것이라고 노래하는 것이다. 이 작품에서 시인은 종장 처리를 잘못했거나 실수를 했을 것이다.

첫수 종장에서 "청운의 옹골찬 꿈을 /한 결로만 다독인다."로 마무리하고 있는데 "청운의"를 과연 종장 첫마디 3자로 볼 것이냐 아니냐 하는 문제에 봉착하게 된다. 보통 이렇게 쓰는 것에 대해 대부분의 시인은 무감각한 편이지만 이는 다시 한번 생각해 볼 일이다. '청운의 꿈'까지 해야 어떤 의미가 생성되는 단위가 된다. 다시 말해 하나의 낱말처럼 의미가 생긴다는 말이다. 이는 무조건 안 된다고 하기보다는 명확한 근거를 제시하여야 한다. 이 문장에서 주체는 '청운'이 아니고 '꿈'이다. 이 '꿈'을 주어로 놓고 보면 '옹골찬 꿈이 청운이다'처럼 되므로 문장 성립이 되지 않는다. 다른 어떤 성분의 어휘가 와도 주체를 주어로 놓고 보면 문장이 성립되나 이 관형격 조사 '의'만은 문장 의미가 훼손되고 있다고 생각한다.

잡초 틈에 피어난 두어 송이 작은 풀꽃
이제나 저제나 눈길 한 번 더 받을까

하늘을

머리에 이고
숨죽인 채 떨고 있네.

구름 띠에 둘려 있는 산허리 그 너머엔
바람이 허연 낮달 우듬지에 걸어 놓고

모두는

그리움이라고
산사 풍경風磬 읊고 있네.

–「산문에 오르는 길」 전문

시인은 자신을 잡초 틈에 자라고 있는 더 초라한 꽃이라면서 그래도 뭇 사람의 눈길을 받고 싶다는 작은 소망을 지니고 있다. 하지만 하늘은 자기의 모든 것을 다 알고 있으므로 숨죽인 채 떨고 있다고 자신의 심정을 고백하고 있다. 나뭇가지 사이로 보이는 낮달을 바람이 몰고 온 것이라 한다. 바람이 몰고 오거나, 낮달이 제 스스로 오거나 그게 무슨 상관이랴. 산사의 풍경이 울면서 그리움만 더해 갈 뿐이다. 시인은 그리움의 여인이다. '몸은 비록 늙었어도 마음은 청춘이다.'라는 말이 있다.

김은자 시인은 노을빛을 감고 앉은 그리움의 여인이라 할 만큼 그리움에 대한 시가 많다.

구름, 바람, 산천초목
지저귀는 새소리
흐느끼는 갈대숲
우레 속의 장맛비
모두는
엄마의 품 같은
사랑이요, 그리움.

－「그래, 그래」 전문

어느 먼 곳 그리워서 기다리는 기별같이

－「봄, 그 정령」 첫 수 중장

내 마음 닮은 그는 계절 속에 잊혀가도
꽃잎 넣은 손 편지로 보고 싶다 전하고파

–「봄, 그 정령」 셋째 수 초장, 중장

어쩌나 지울 수 없는 이 한 점 그리움을.

–「백목련」 둘째 수 종장

옛 동산 꽃 대궐을 잊을 순 정녕 없어
하늘 벌 그 품에 들어 그리움을 달랜다.

–「산수유」 둘째 수 중장, 종장

이 외에도 「회상」이라는 작품에서 첫수 종장, 둘째 수 종장, 셋째 수 종장에서 유독 '그리움'이라는 어휘를 많이 사용하고 있다.

이리도 그리워짐은 마음 허한 탓이겠지 - 첫 수 종장
걷는다, 추억을 밟고 한 줄 바람 앞세운 채 - 둘째 수 종장
외로이 홀로 서 있네, 오붓하게 걷던 강가 - 셋째 수 종장

이뿐만이 아니다. 「오래두고 그리다」에서는 삼수짜리 연시조로 '그리움'을 강물처럼 흘려보내고 있다. 이 같은 많은 그리움은 시인만이 겪어 온 삶의 응어리다.

소금같이 썩을 수 없는 결정체이다. 그래서 아무리 그 아픔이나 그리움을 지우려고 애를 써도 지워지지 않는 문신이며 아물 수 없는 상처이다. 사람은 누구나 그리움과 추억을 지니고 있지만 많은 세월이 지나면 망각의 무덤에 묻어버리고 살기 십상이다. 그러나 시인 김은자는 왜 아픈 추억을 버리지 못하고 어떤 트라우마Trauma에 갇혀있는가.

아마 시인은 전쟁 속에서 모든 것을 버리고 남쪽 낯선 곳에 정착하면서 겪은 많은 아픔이 그의 핏속에 돌고 있거나 육신의 일부를 구성하여 함께 살고 있기 때문인지도 모르겠다. 하여간 그는 그리움의 빛으로 휘감겨 있다.

하늘처럼 믿고 의지했던 어머니를 보내드릴 때 아마 시인의 마음은 태산이 무너지는 것보다 더 큰 충격을 받았을 것이다.

나는 이제야 그 의문이 풀리기 시작했다. 한과 눈물과 그리움이 많은 이유를, 자식에 대한 애틋함이 남다른 이유를 이제야 조금은 알 것 같다.

시인은 그 많은 그리움으로 시를 썼고, 그 심정을 눈물로 호소하며 살았다. 이런 점이 그가 사는 이유였으리라. 그래서 그에게 삶이란 개념을 다시 정립하게 만들었나 보다.

올올이 풀린 별빛 드리우는 창가로
어쩌자고 귀뚜리는 구성지게 울어대나
썰렁한
한줄기 바람
회랑을 돌다 가네.

까만 하늘 별무리 속 어우러진 조각달
외딴길 담장 곁에 가로등은 졸고 있네
먼발치
어느 툇마루에
웃음꽃은 피는데.

안간힘 발버둥 속 휘적휘적 헤매 돌다
눈길 받지 못한 채 수굿해진 거북등은
구르다
잠시 머무는
한 잎 낙엽 같다네.

–「삶, 그건」 전문

시인에게 있어 삶이란 '회랑을 돌다가는 썰렁한 한 줄

기 바람'일 뿐이다. 잠시 머물다 떠나는 한 잎 낙엽인 것이다. 출세를 하고, 권력을 휘두르고, 많은 부를 축적했다 하더라도 결국은 본래 있던 제자리에 돌려놓고 가야 하는 것이 우리 삶이 아니던가. 언젠가는 그처럼 소중히 간직했던 '그리움'마저 두고 가야 할 것이다.

하늘 땅 모두 낯선 칠부 능선 넘어와서
자갈밭에 물관 되어 옥토를 일궈내려
파르르
밤이슬에 떨며
별 하나가 떠돈다.

칠흑을 밝혀 주는 어머니의 혼백이듯
까마득한 하늘 별 북극성은 길라잡이
돌고 돈
수십 성상星霜에
성城하나를 지었네.

여일餘日은 몽당비로 망향가나 부르면서
오순도순 밥상머리 옛 이야기 꽃 피우며
아늑한
지붕 밑에서

한 폭 삽화 되련다.

－「월남, 그 후」 전문

시인이 월남 후 누구보다도 열심히 살아왔음이 엿보이는 대목이다. 자갈밭을 옥토로 가꾸었다느니, 성城 하나를 지었다느니, 아늑한 지붕 밑에서 한 폭 삽화가 되겠다는 표현들은 고생 끝에 낙이 온다는 우리 속담을 입증하고 있다.

첫 수 초장 '7부 능선'은 '칠부 능선'이 올바른 표기이다. 아라비아 숫자를 허용하면 다른 외국어나 그림도 허용해야 하기 때문이다. 자유시詩에서는 허용이 된다하더라도 시조에서는 허용하면 안 된다고 생각한다.

셋째 수에서 "여일은 몽당비로 망향가나 부르면서 // 오순도순 밥상머리 옛 이야기 꽃 피운다."라고 했으니 말이다. 남 보기엔 멀쩡해 보여도 마음은 이미 몽당비가 되어 있다. 그러니 삶에 여유를 가지고 여생을 보내고 싶다는 시인의 그 마음을 헤아릴 수 있다. 아마 그가 차리고 있는 밥상은 다른 집의 밥상과는 전혀 다른 반찬(추억담)으로 가득할 것이다. 그래서 그는 다음과 같이 노래한다.

마른 숨 고르면서 꽃 피울 봄 기다리던

청보리밭 이랑마다 넘실대는 푸른 물결
지금 막
붓끝을 뗀 듯
한 폭 풍광 펼쳐진다.

–「이제나, 저제나」 첫 수

넘실대는 청보리밭은 풍요를 기약하고 그 아름다운 광경을, 속이 꽉 찬 알곡을 시 한 편으로 엮어내고 펜을 놓는 그 순간이야 말로 얼마나 황홀하며 가슴 벅찰 일이겠는가.

어찌 아파야만
탐스러운 꽃 피울까
거친 바람 버텨내며
밤비에도 흠뻑 젖다,
피었다
꽃 진 자리에
익어 가네, 열매들

–「이울다, 그리고」 전문

거친 바람 견뎌내며 밤비에 흠뻑 젖더니 꽃 진 자리에 탐스러운 열매가 익어 가고 있다. 여기서 말하는 거친 바람은 지금까지 겪어 온 고생이자 고통이며 "밤비에 흠뻑 젖는다."라는 말은 희망이 없어 보이던 지난날들이다. 아마도 밤비 때문에 젖는 것이 아니라 자신의 눈물로 적셨을 것이다. 얼마나 많이 울면 흠뻑 젖겠는가. 시인은 왜 밤비라고 했을까? 낮에 내리는 비와 그 차이는 무엇일까? 밤은 어둠이다 어둠은 절망이다. 절망의 벽을 넘지 못해 옷이 흠뻑 젖도록 우는 것은 아무래도 낮보다는 밤이 어울리는 표현이다. 그러나 시인은 이제 울지 않는다. 그토록 그리던 어머니가 밤하늘의 별로 떠서 그를 보고 웃고 있기 때문이다. 하늘에 계신 어머니도 이제는 안심을 하고 시인을 보며 웃고 있다는 표현은 참으로 훌륭하다. 신선하다.

별뉘 내린 툇마루는
칭얼대던 내 자리
별빛 어린 추녀 끝은
기다리는 엄마 자리
저 먼 산
멧새 우는데
별로 뜨네, 울 엄마가

–「기억 저 너머」 전문

꽃 잔치 펼쳐질라
시샘하듯 달려와서
옷깃을 파고드는
오싹하니 시린 바람
몽니 속
꽃샘바람 불어도
그예 봄은 오겠네.

–「꽃샘추위」 전문

이제는 어떤 시련이 그에 닥쳐와도 전혀 두렵지 않다.

아무리 세상이 몽니를 부려도 전혀 겁나지 않는다. 어차피 봄은 올 테니까. 이 작품은 많은 이들에게 희망의 메시지를 전달해 주고 있다. 희망의 전도사 역할을 해내고 있다.

비 내리면 빗속을 눈 내리면 눈밭을
젖으며 뒹굴며 깔깔대던 나날들로
조금씩
아주 조금씩
첫사랑이 움텄다.

책장을 넘기듯, 꽃잎 지듯 가는 세월

아직은 놓지 못할 한 움큼의 미련덩이
기진해
더 잦아들기 전
연서戀書 몇 자 띄우고파.

긴긴 불볕 견뎌낸 아린 흔적 끝자락이
단풍이 된다 칠부하는 그 섭리를 깨달으며
석양에
말간 그리움
풀어놓고 싱긋 웃다.

–「기억 속 편린 하나」 전문

이제야 시인은 맘 놓고 사랑을 하고 싶다. 책장을 넘기듯 가는 세월, 이제라도 더 늦기 전에 연서를 쓰고 싶단다. 그래서 석양빛에 말간 그리움을 비춰보면서 웃고 싶다는 시인의 소망은 화려하지 않은 한 폭의 수채화다. 여생을 잘 보내고 싶은 것이 누구나 바라는 소망이다. 그러나 이런 소망은 모두가 소유할 수 있는 권리는 아니다. 더구나 입만 벌리면 떨어지는 가을의 연시는 더더욱 아니다. 노력한 사람만이 쟁취할 수 있는 권리이며 행운이다.

은밀한 가슴 한편
걸어 둔 액자 하나
그 속에 예쁜 너를
잠시도 잊음 없이
천 날을
하루로 삼아
눈빛 맞춰 담아둔다.

–「지워야지 하면서도」 전문

시인은 이런 행복을 허투루 쓰고 싶지 않다. 어떻게 잡은 행복인데 허투루 쓰겠는가. 그래서 그는 천 날을 하루로 삼아 눈빛 맞춰 담아두고 있다. 부를 축적하는 일은 어려워도 망하는 일은 순식간이다. 명예도 권력도 마찬가지다. 하지만 시인은 요즘도 가끔 그리움의 병이 도지곤 한다.

사색의 그물 깁던 고즈넉한 돌담길에
싱그러운 돌이끼 풍광을 더해주고
아슴한
기억이 하나
장대 높이 나붓댄다.

깍지 걸고 별을 세며 반딧불이 따라잡던
샛말간 그 얼굴이 어른대며 스쳐가네
어차피
엇갈린 인연
잊지 못할 숙명인걸.

긴 세월 흐른 지금 세발로 휘청 서서
불콰한 노을 앞에 바람 하나 간절한 건
주름 꽃
한 다발 안고
너를 반겨 맞고 싶다.

–「아직은 미련이」 전문

늘 갈渴한 그리움 하나 노을 강에 반짝인다.

–「실향, 그 뒤」 둘째 수 종장

종래는 부르짖는다, 허공 멀리 어머니.

–「단막극 한 컷」 셋째 수 종장

목적을 달성했다고 과거가 잊히는 것은 아니다. 가끔은 떠오르고 그립다. 그러나 이 그리움은 만족스러운 그리움이다. 말하자면 진수성찬에 올라 온 한 잔 술이거나 또는 잘 비벼진 비빔밥에 참기름 한 방울 같은 감칠맛 나는 그리움이다.

5부

김은자 시인은 이제 자신을 돌아보며 바쁜 일상을 접고 관조觀照의 상태로 들어간다.

> 계절은 돌고 돌아 나이테를 늘려가도
> 액자 속 웃는 모습 시간 밖에 사나보다.
> 설움만
> 깊던 자리도
> 돌아보니 아름답다.
>
> -「나의 노래」 첫 수

> 솔숲 외진 자리 소곳한 꽃 한 송이
>
> -「산책을 하며」 첫 수 초장

> 먼 데서 예배당 소리 더 둥글게 살라 한다.
>
> -「산책을 하며」 둘째 수 종장

나이테를 늘려가면서 뒤돌아보니 힘들었던 과거는 아

름다운 꽃밭이었음을 새삼 깨닫는다. 오늘을 만들어낸 눈물겨운 밑거름이었다. 구상 시인은 "지금 앉아 있는 자리가 꽃자리'라 했다. 돌아보면 아름다운 꽃밭이라는 시인의 생각과 같다.

그래서 우리는 늙으면 추억을 먹고 산다는 말이 생겨났는지도 모른다. 시인은 종소리와도 대화를 한다. 그것은 아마 교회당 종소리이기 때문에 마음이 통해서 그럴 것이다.

이제는 미움도 원망도 후회도 눈물도 아픔도 모두 다 내려놓고 서로 사랑하며 살라는 소리로 치환하여 듣는다. 이 역시 시인의 귀가 아니고는 알아듣기 어렵다. 그래서 시인은 눈으로 듣고, 귀로 말하고, 입가엔 부처님처럼 얇은 미소나 얹으며 살고 싶다. 이런 삶이 이승에서 미리 맛보는 천국의 삶이 아닐까.

도심 속 건널목엔 총총한 발걸음들
둘러앉은 밥상머리 살아낸 이야기로
웃음꽃
활짝 피우니
예가 바로 천국이네.

–「또 하루」 셋째 수

언 땅속 긴 겨울을 이겨내신 어머니께
한 다발 카네이션 품에 안겨 드립니다.
어느새
봄 꽃잎들이
몸 가벼이 날리네요.

–「5월의 성묘」 첫 수

시인은 이제야 마음 편하게 어머니 산소를 찾아가 웃을 수 있다. 한 다발 카네이션을 받고 어머니도 웃으실 것이다. 몸 가벼이 날린다는 말은 어머니에 대한 그리움을 예전과는 다른 각도로 바라본다는 뜻일 것이다. 무거운 짐을 벗은 가벼움이다. 이제 시인은 눈을 돌려 이웃을 바라보고 있다.

지금 나라에서는 경제 사정이 어렵다고 난리다. 50대 초반이면 직장을 물러나야 한다는 강박관념을 지고 살아야 한다. 어쩌면 요즘 세대가 져야 할 십자가일지도 모른다. 그러나 이 십자가는 위정자들의 결단이나 사용자가 관심만 가지면 해결해 낼 수 있는 일이다. 젊은 세대들은 100세를 목전에 두고 있는 시점이다. 퇴직 후 나머지 반세기를 어떻게 살아내야 할지 생각만 해도 끔찍하다.

위정자들은 이런 서민의 아픔을 다독여 주기는커녕 제 잇속 차리기에 혈안이 되어 있다. 부패한 공직자들은 책임 전가와 쥐꼬리만한 권력을 휘두르며 제 잇속을 챙긴다. 오죽하면 금수저니, 흙수저니 하는 말이 생겨나 한 시대를 냉소적으로 비웃고 있을까?

첫 새벽 줄지어 선 하루살이 목숨들이
한 두름 굴비처럼 줄 하품을 엮어놓고
헛물만
잔뜩 켜고서
어둠 속을 비껴간다.

자판기가 내미는 믹스커피 한잔으로
쓰린 속 달래가며 둥지 찾는 동틀 무렵
맞은편
빨간 신호등
그 발목을 잡고 있다.

집집마다 배달되는 동살은 살가운데
어둠은 제집인 양 쪽문마저 닫아건 채
배고파
우는 아이들
문틈으로 내보낸다.

－「가장, 그 십자가」 전문

시인은 가족을 먹여 살려야 하는 어느 가장의 눈물겨운 아픔을 대변해 말하고 있다. 이 가장은 바로 일용직 근로자들이다. 하루 벌어야 하루를 살 수 있다.

이 작품은 보기 드문 수작秀作이다. 형상화가 잘 되어 있고 비유가 뛰어나다. 대은 시조문학상을 받을 만한 작품이다.

남대문 시장 근처나 서울역 등 서울 곳곳에 날품팔이하는 일용직들이 무작정 팔려가기를 기다리며 서 있는 광경은 종종 목격된다. 이때나 저때나 누가 와서 가자고 하는 말을 기다리며, 어둠을 뚫고 나온 그들이 얼마나 피곤하고 지루하면 하품을 연달아 하겠는가. 그러나 일거리가 생기는 것도 운이 좋아야 한다. 결국은 헛물만 켜고 돌아서는 그들은 또 하루 살아갈 일이 걱정이다. 자판기에서 커피 한 잔을 빼들고 집으로 가려는데 빨간 신호등이 앞길을 가로막고 있다. 셋째 수는 절창이다.

아침에 떠오르는 햇살은 공평하게 비추고 있는데 왜 세상은 가진 자와 못 가진 자로 양분되는 것인가. 물론 자본주의 사회에서 능력에 따라 빈부의 격차가 생기는 것은 당연하다.

그러나 최소한 인간으로서 품위를 지켜줄 책임은 위정자들에 있지 않을까. 풀이 꺾인 채로 들어서는 가장의 무거운 발걸음, 짓누르는 가장의 책임감마저 포기하고 집 대문을 열려는데, 세 들어 사는 지하 단칸방에는 아직도 햇살이 비추지 않는다. 여기서 시인은 어둠이 문을 닫아걸고 열어주지 않는다는 상상력을 동원하여 마치 돈을 벌어 오지 못했으니 집안에 발을 들여 놓을 자격조차 없다는 상상을 하게 된다.

이 비유와 의인화가 이 작품을 맛깔나게 만든다. 그런데 배고프다며 칭얼대는 애들 울음소리를 듣는 가장의 심정은 어떠했을까. 마치 그 울음소리를 누군가 들어보라는 듯 문틈으로 내보는 것 같은 착각을 하며 책임감에 짓눌려야 하는 것이 가장이 지고 가야 할 천근의 십자가이다.

한편 이 작품은 여러 군데서 '낯설게 하기'를 시도하고 있다. "하품을 엮어놓고", "어둠 속을 비껴간다", "자판기가 내민다", "신호등이 발목을 잡는다.", "동살이 집집마다 배달된다.", "어둠이 제집인 양", "우는 아이를 문틈으로 내보낸다." 같은 표현은 지금까지 우리가 통상적으로 써 오던 표현과는 색다르다. 여기서 유심히 볼 것은 어려운 낱말이나 고어 또는 한자어가 아니라 우리가 일상에서 쓰는 말들의 배합을 새롭게 하였다는 점이다. 마치 연금술사처럼 김은자 시인은 일상적 언어에 예술의 옷을 화려하게 입힌다.

이제 김은자 시인의 작품 세계 속을 벗어나 현실로 돌아와야겠다.

시조는 자유시와는 그 차원이 다르다. 물론 자유시라고 해서 맘대로 쓰는 것은 아니지만 특히 시조는 3장 6구 12소절이라는 규격화된 유니폼을 입어야 한다. 그러나 그 유니폼의 화려함이나 자유로움은 일색이 아니라 달라야 한다. 즉 그 효용 가치가 훨씬 높아야 한다. 또 내 입안에 있는 음식을 마음대로 다루는 혀처럼 부드럽고 매끈하게 문장 구성을 해야 한다. 현대시조라 해서 고시조를 무시하기보다는 오히려 더 그 틀을 엄격히 지키면서도 맛은 현대적인 맛이 나도록 해야 한다.

이런 점을 고려해 보면 김은자 시인은 모든 장점을 고루 갖춘 분으로 시조의 모범답안을 쥐고 있다는 느낌을 받는다.

더욱 갈고 닦아서 우리 시조문학사에 길이 남을 작품을 많이 생산해 주기를 바라며 졸문을 마감하려 한다.

지은이 **김은자**

· 호: 연송(娟松)
· 시조생활사 제36회 신인 문학상
· 「도공의 하루」로 등단 (1998년 6월 25일)
· 시조생활사 토함 동호회 제1대 회장
· 한국문인협회 회원
· (사)한국시조협회 이사

수상

(사)한국시조협회 작품상 수상 (2016년 12월)
대은시조문학상 본상 수상 (2018년 10월)

저서

토함 동호회지 (1~9집)
연송 시조집 (들숨과 날숨 사이, 2012년 12월)
부부 시조집 (하늘과 땅 사이 1~8집)